NUNCA MAIS
PERCA UMA
VENDA
EM HIPÓTESE
NENHUMA

Copyright© 2022 by Literare Books International
Todos os direitos desta edição são reservados à Literare Books International.

Presidente:
Mauricio Sita

Capa:
Ideia Dois Propaganda
Foto: Henrique Lopes

Diagramação e projeto gráfico:
Nathália Parente

Ilustrações:
MKT|bprc

Revisão:
Sabrina Franzol

Diretora de projetos:
Gleide Santos

Diretora de operações:
Alessandra Ksenhuck

Diretora executiva:
Julyana Rosa

Relacionamento com o cliente:
Claudia Pires

Impressão:
Impressul

Dados Internacionais de Catalogação na Publicação (CIP)
(eDOC BRASIL, Belo Horizonte/MG)

Z54n Zem, André.
Nunca mais perca uma venda em hipótese nenhuma / André Zem. – 2.ed. – São Paulo, SP: Literare Books International, 2022.
16 x 23 cm

ISBN 978-65-5922-277-3

1. Empreendedorismo. 2. Sucesso nos negócios. 3. Vendas. I.Título.
CDD 658.85

Elaborado por Maurício Amormino Júnior – CRB6/2422

Literare Books International
Rua Antônio Augusto Covello, 472 – Vila Mariana – São Paulo, SP
CEP 01550-060
Fone/fax: (0**11) 2659-0968
site: www.literarebooks.com.br
e-mail: literare@literarebooks.com.br

André Zem
O maior contador de histórias sobre vendas do Brasil

NUNCA MAIS
PERCA UMA
VENDA
EM HIPÓTESE
NENHUMA

Um vendedor de resultados construído pela vida!

Dedicatória

Dedico esta obra, em especial, à minha mãe, Antônia Zem, personificação do amor mais puro que existe. Com infinita paciência e pertinente autoridade, já que corria atrás de mim com uma varinha na mão, me obrigando a ir para a escola, me mostrou o quanto a educação é essencial para uma vida bem-sucedida. Coração de mãe, de fato, não se engana.

Meu pai, Roberto Zem (*in memoriam*), é outro que não posso deixar de citar. Um grande trabalhador e que me amou muito.

Este livro, a realização de um sonho meu que começou a se formar na adolescência, faço questão de dedicar, ainda, à minha irmã, Luciene Zem, que superou comigo as dificuldades impostas pela vida, acreditando e comprovando que todo esforço vale a pena. Com ela, sei que posso contar em qualquer circunstância.

Sincera e infinita gratidão à minha esposa, Vanessa Naval Zem, que nunca deixou de confiar em mim, me incentivando a prosseguir diariamente. Mulher que construiu comigo a melhor família que eu poderia ter, junto de nossas filhas Valentina e Luiza. Amo-as incondicionalmente.

Confesso que sou um verdadeiro louco por vendas, por isso, dedico todo este conteúdo reunido aqui, também, claro, a todos os vendedores, pois me inspiram a jamais parar de aprender e ensinar.

Agradecimentos

Agradeço a Deus, em primeiro lugar, por abençoar cada passo que dei na minha trajetória de vida.

Meus agradecimentos às pessoas que trabalham ou já trabalharam comigo, de forma direta ou indireta. São tantas, que seria impossível mencionar aqui o nome de cada uma. Todas me forneceram a força necessária para seguir em frente sem hesitar.

Um agradecimento especial a Adilson Jardim, que me ensinou muito, contribuindo para que eu trilhasse, com firmeza e coragem, o caminho das vendas. Meu muito obrigado a Othon Barros, pelos conselhos e incentivos constantes, e a Edílson Lopes, que me deu as referências necessárias para que eu pudesse realizar o sonho de ser palestrante. E, claro, minha gratidão à Silvia Patriani, que me inspirou a sempre falar com convicção, motivação e brilho nos olhos.

Sou grato, ainda, a Gilberto Cabeggi, pelo profissionalismo – a vocação deste homem é, certamente, inspiração

para muitos -, e a Ronaldo Victoria, que tem um humor contagiante e a capacidade de entender minhas visões e minhas loucuras. Um louco sempre entende o outro.

Agradeço à Sabrina Franzol, pela dedicação e comprometimento com a qualidade dos meus trabalhos escritos.

Preciso dizer obrigado, também, aos meus amigos Claudio Pereira Alves e Danilo Fenelon, que me encorajam a buscar sempre o melhor para minha carreira.

Que bom é ter sempre mais pessoas a agradecer que a esquecer!

Sumário

Prefácio..pág. 11

Confissão de um louco por vendas..................pág. 15

Um contador de histórias................................pág. 17

Mais paixão do que razão................................pág. 25

Nada de ser a vítima.......................................pág. 39

Não se perde uma venda .... pág. 45
em hipótese nenhuma

Situações de risco...pág. 55

Sorria e mude sua realidade...........................pág. 83

Tenha foco..pág. 89

Momento decisivo..pág. 101

Conheça seu cliente...pág. 105

A matemática da boa venda..........................pág. 133

Concentre sua energia na venda....................pág. 177

O blá-blá-blá que vende..................................pág. 197

Depois da venda, faça bem............................pág. 205
o que quase ninguém faz

Dez dicas para nunca mais...........................pág. 211
perder uma venda, em hipótese nenhuma

A vida é feita de decisões e ações..................pág. 215

Acima de tudo, seja feliz.................................pág. 221

Lute pela sua venda até o final.......................pág. 227

Prefácio

São Paulo, setembro de 2006. Mais de 1.000 pessoas participavam, no luxuoso Hotel Transamérica, do evento "Encontro dos Maiores Conferencistas do País", promovido pela nossa empresa de educação empresarial, Grupo K.L.A. Internacional.

Antes de o mestre de cerimônias anunciar o intervalo para o almoço, saí apressadamente do auditório. Fui para a sala VIP.

Dois minutos depois, minha secretária me interrompeu:

— Edílson, há um rapaz lá fora querendo falar com você.

— Quem é?

— Disse que é um futuro palestrante. Falou que o sonho dele é entrar nesse mercado. Está ansioso. Bem agitado! Você pode atendê-lo?

Recebi-o na sala. Entrou nervoso. Falava sem parar que queria pertencer ao mundo das palestras. Disse que era o sonho da vida dele.

— Quero largar tudo! Vou me dedicar somente às palestras – disse o rapaz, com um copo de água na mão.

Pedi para que se acalmasse, pois era nítida a impaciência dele.

— Escute, rapaz, esse negócio exige planejamento – falei olhando nos olhos dele.

— Como assim? – Ele perguntou.

— Você não pode largar sua profissão atual. Você precisa se planejar, se estruturar, para depois seguir nesse negócio.

— Quer dizer que não poderei realizar meu sonho de ser um palestrante?

— Não estou dizendo para você largar seu sonho. O que quero dizer é que muitos que entraram no mercado sem planejamento faliram, quebraram!

Ele me olhou assustado. O rosto estava suado. Tomou mais um pouco de água.

— Sente-se – pedi a ele, sinalizando uma cadeira.

Aos poucos, passou a me ouvir com calma. Já não me interrompia. Expliquei a ele os caminhos e estratégias que deveria seguir. Pareceu estar bastante atento.

— Quer dizer que não posso sair das minhas atividades atuais? – Questionou.

— Claro que não!

— Por quê?

Falei que as atividades dele eram necessárias para mantê-lo no jogo. A carreira de palestrante poderia ser construída paralelamente, com planejamento e, acima de tudo, com os pés no chão. Comentei que muitos não davam certo no mercado de palestras pelo fato de acharem que poderiam viver disso de uma hora para a outra. Deixei claro que esse era o principal erro desse negócio.

— Entendi. De qualquer forma, quero agradecer sua atenção. Jamais desistirei do meu sonho de compartilhar tudo o que sei sobre vendas, por meio de palestras – afirmou o rapaz.

Em seguida, estendeu as mãos e despediu-se. Minha secretária abriu a porta e ele se foi.

Olhei para minha secretária e comentei:

— Será que ele seguirá minhas recomendações?

Após pouco mais de uma década daquela conversa, cá estou eu, escrevendo, na noite de uma quinta-feira de novembro de 2017, o prefácio do livro daquele rapaz, de nome André Zem, que afirmou a mim, no primeiro encontro que tivemos, jamais desistir de ser palestrante.

Ele não só seguiu minhas orientações, mas transformou a rica experiência que tem em vendas em um material que ficará como legado por gerações. Escreveu esta obra, repleta de situações da vida real deste universo comercial.

Ele sabe muito bem que para encantar um cliente é preciso uma boa história. Uma história estimulante, divertida, adequada e inspiradora, que contada na hora certa quebra o gelo, aproxima consumidor e vendedor, torna o clima mais agradável e gera confiança. Esse é o segredo dos grandes vendedores.

André Zem batalhou e realizou o sonho de ser palestrante. Hoje, fala a vendedores de todo o Brasil e agora lança este livro, com muitas histórias sobre venda, afinal, como disse certa vez o escritor Ilan Brenman: "vende mais quem conta a melhor história".

Aproveite a leitura e seja como o André Zem: UM LOUCO POR VENDAS!

Edílson Lopes
Fundador
Grupo K.L.A. Internacional

André Zem
CONFISSÃO DE UM LOUCO POR VENDAS

Quero confessar uma coisa: sou louco. Calma, não uso camisa de força. Sou de outra espécie de doido. Não sou perigoso e nem tomo medicamentos, mas minha loucura me acompanha desde a infância. Sou incontrolavelmente apaixonado pelo ato de vender. Sim, eu sou um louco por vendas e assumo isso sem problemas. Na verdade, tenho o maior orgulho de ser assim. Penso em vendas assistindo filmes, lendo livros, em tarefas diárias... Sou feliz sendo doido por vendas e convido você a entrar para este time dos loucos por vender, porque só com uma boa dose de loucura sadia é que conseguimos realizar todos os nossos sonhos.

SÓ COM UMA BOA DOSE *de loucura sadia* É QUE CONSEGUIMOS REALIZAR TODOS OS NOSSOS *sonhos.*

UM CONTADOR DE HISTÓRIAS

No mundo atual, muitos são os concorrentes com qualidades semelhantes e preços similares. Não se engane: independente do ramo em que você trabalha, existem profissionais de vendas com capacidades parecidas e/ou superiores às suas – e provavelmente em condições de fazer ofertas tão boas como as que você faz. Diante disso, vende mesmo quem oferece algo a mais e esse "a mais" só pode existir se você quiser sair do lugar-comum.

Em minhas palestras e consultorias, sempre deixo claro que quem se destaca em vendas é o profissional que usa o coração e a emoção nas negociações, que surpreende o consumidor e o fascina.

A regra não é convencer o cliente, mas encantá-lo, para que ele sinta necessidade e vontade de comprar e, claro, voltar outras vezes para repetir a experiência de ser atendido por você. Ganha-se o consumidor quando ele experimenta o excelente atendimento, superando todas as expectativas preliminares.

Costumo dizer que poucas coisas funcionam tão bem para encantar o cliente como contar uma boa história. Uma história estimulante, divertida, adequada e inspiradora, contada na hora certa, "quebra o gelo", aproxima consumidor e vendedor, torna o clima mais agradável e gera confiança – elemento essencial para o progresso no mundo dos negócios.

Sou um vendedor contador de histórias e por isso você vai encontrar neste livro uma série de relatos sobre minhas experiências nos muitos anos que tenho de trabalho com vendas. É por meio dessas histórias que conhecerá os grandes segredos de uma negociação vitoriosa. Esses segredos passam por coisas bem simples, mas que normalmente acabam esquecidas e deixadas de lado pelos profissionais de vendas. São procedimentos que aplico diariamente no meu dia a dia e que me proporcionam resultados excepcionais.

Falo aqui da paixão pelo que faço – uma paixão que tem muito de loucura e outro tanto de lucidez. Eu poderia integrar a estatística de garotos de classe média baixa que não encontram melhores condições de vida e ficam na mesmice, mas me recusei a ser "apenas mais um". Propus a mim mesmo que teria sucesso e trabalhei nessa direção. Eu sabia que o trabalho é que me levaria em frente. Tinha em meu coração a certeza de que eu iria crescer e chegar onde queria. Em minha mente estava claro que "o sucesso

André Zem

é construído aos pedacinhos" e eu me dispus a unir todos os pedaços necessários para alcançar meu objetivo maior.

Quando passei a trabalhar, deixei de ser aquele menino que se escondia no terreno da igreja para que a mãe não o obrigasse a ir à escola. Abracei o trabalho como a minha única possibilidade de redenção.

Comecei descascando cebolas num varejão, morei dentro de lojas, enfrentei altos e baixos, estudei, me aperfeiçoei, desenvolvi sempre o otimismo, alimentei minha paixão por vendas e coletei experiências que transformei em histórias inspiradoras, as quais faço questão de contar para as pessoas como forma de mostrar que todos são capazes.

Já saí de casa para procurar emprego segurando o terço da minha mãe. Ao longo do tempo, criei rituais para ajudarem a me manter na direção certa, como o de "lavar o pé na praça" a cada vez que precisava dar a "volta por cima" – essa é uma das histórias que vou contar para você neste livro. E olha que eu dei muita volta por cima!

Há uma frase atribuída ao escritor norte-americano Mark Twain que diz: "Existem dois grandes momentos na vida de uma pessoa: o dia em que ela nasce e o dia em que descobre porque nasceu". Eu tive a sorte de descobrir cedo que queria trabalhar com vendas e isso me trouxe o prazer de ser útil. Essa sensação vale muito.

Aos 12 anos de idade, iniciei meu primeiro emprego. Eu descascava cebolas em um varejão em Piracicaba, cidade onde nasci. Lembro que, no meu dia de estreia no ofício, uma moça que trabalhava comigo – naquela época, eu era franzino e tímido –, ao me ver literalmente chorando, por conta das horas e horas com as cebolas, disse: – "Menino, nós começamos aqui chorando, mas vamos terminar sorrindo!"

Sábias palavras. Proféticas palavras. Em cada momento da minha vida, por mais difícil que fosse, essa frase me trouxe inspiração, coragem e a vontade de nunca desistir. Hoje, mais de duas décadas depois de ouvir aquela moça, tenho a alegria de dizer que realizei o sonho de ser um empresário de sucesso, consultor e palestrante no ramo das vendas e escritor. O sorriso, agora, é uma constante em minha face. Descobri e vivo a felicidade de ser bem-sucedido.

André Zem

Menino **nós começamos aqui** *chorando*, MAS VAMOS TERMINAR **SORRINDO.** Aproveitando essa ideia de acreditar sempre que tudo vai dar certo, quero falar um pouco mais sobre sonhos, mas só um pouco, porque esse assunto rende outro livro.

Um sonho tem o poder de manter você trabalhando focado nos seus objetivos e com energia para superar todas as dificuldades. A necessidade de realizar o seu sonho é que vai te motivar a seguir em frente.

Meu sonho me carregou e me carrega sempre. Por ter um sonho a realizar, eu nunca acordei um dia e nem fui dormir uma noite sem sonhar e acreditar que eu seria um grande palestrante.

Meu sonho me carregou até o sucesso. Deixe que o seu sonho o leve também aonde você quer chegar.

Sempre tive muito claro que sonhos não se constroem sozinhos. A concretização dos nossos sonhos é o resultado do empenho por aquilo que queremos e acreditamos que podemos realizar. A cada manhã, levanto da cama com o objetivo definido de construir minhas histórias, para depois poder contá-las ao maior número de pessoas possível, deixando o conhecimento para as novas gerações de profissionais.

Caminhei e caminho sempre sem vacilar e cair em tentações e oportunidades que acenem para mim como maravilhas, mas que, na verdade, após análises, percebo que não são. Foco nas metas que tenho e, com determinação, me comprometo totalmente com tudo o que quero.

Aliás, você sabe qual a diferença entre estar envolvido e ser comprometido com algo? Que tipo de profissional você é? Envolvido ou comprometido? Qual é a sua palavra-chave: envolvimento ou comprometimento? Difícil definir? Vamos pensar juntos... Antes, compartilho uma breve reflexão: Um hotel oferece para seus hóspedes, no café da manhã, ovos com bacon. Neste caso, podemos dizer que a galinha que forneceu os ovos está envolvida nesse projeto enquanto o porco, que forneceu o bacon, está totalmente comprometido.

É claro que não se pode levar esta ideia ao "pé da letra." Não quero dizer com isso que você tem de morrer pelos seus sonhos ou pela empresa na qual trabalha, mas, sem dúvida alguma, se quiser ter sucesso, vai ter de dar o seu melhor sempre.

André Zem

Dar o melhor de si faz com que atravesse a fronteira do simples envolvimento para chegar, então, ao comprometimento necessário a fim de fazer acontecer tudo o que deseja.

Meu intuito é incentivar você a buscar intensamente e de modo comprometido a realização dos seus sonhos. Arrisque-se o quanto for necessário. Quem se propõe a realizar os próprios sonhos sendo um profissional de vendas não pode temer decisões aparentemente arriscadas. É somente tentando que podemos ter a real dimensão do que somos capazes. Pense "fora da caixa", amplie seus horizontes e ultrapasse limites. Imagine um futuro esplêndido na sua vida.

O físico Albert Einstein disse:

"A lógica levará você de A para B. A imaginação o levará a qualquer lugar que você quiser ir".

Aprendi muito na carreira de vendas e quero dividir com você esse aprendizado, contando histórias que vivi e das quais tirei as melhores lições. Espero que a minha loucura por vendas o contagie e que cada história deste livro faça você refletir sobre a sua atividade como vendedor.

DEIXE QUE A LOUCURA POR VENDAS O CONTAGIE.

MAIS PAIXÃO DO QUE RAZÃO

Posso afirmar, sem medo de errar: vender é muito mais emocional que racional, é mais paixão que razão. Você só vende se tocar o coração do cliente.

Quem meu filho beija, minha boca adoça

Existe um provérbio muito conhecido que diz: "Quem meu filho beija, minha boca adoça". O que isso quer dizer? Quer dizer que quando uma pessoa tem carinho, tem afeto e dedica atenção ao meu filho, já ganhou ponto, tem crédito comigo. Aquele que agrada meu filho, agrada a mim também.

Mas o que isso tem a ver com vender mais? É simples: a verdade é que muitos vendedores se apavoram na hora de negociar, quando tem a presença de crianças. Afinal, não dá para conseguir o envolvimento dos pais na negociação quando os filhos estão em volta, querendo a atenção deles. Negócios e crianças têm uma relação delicada. Nesses casos, é muito difícil ter uma venda tranquila quando não se usa a boa e velha psicologia infantil.

Imagine um pai interessado em um produto, tentando conversar com o vendedor, e a todo momento sendo interrompido pelo filho, que está impaciente e quer ir embora. Ou uma mãe tentando decidir pela cor de um vestido, enquanto o filho esperneia no chão ao lado do provador. Quantos de nós já viveram ou testemunharam cenas como essas?

Além da minha experiência no comércio, também sou pai e sei muito bem o quanto uma transação comercial é abalada nessas condições. É frustrante para todos os envolvidos: para o vendedor, para o cliente e para a criança, que, afinal, está agindo de acordo com a sua natureza — é inevitável que ela fique impaciente em um ambiente que não tem interesse para ela e onde ninguém lhe dá atenção.

Foi por esse motivo que, quando eu soube que um casal viria com a filha pequena à minha loja para discutir detalhes de nossa proposta para um novo projeto de móveis planejados que estávamos desenvolvendo para eles, fiquei preocupado. O meu pensamento era justamente este: "Como posso melhorar a experiência de compra dessa família?".

André Zem

Então decidi montar uma estrutura atrativa para receber a criança. Comprei uma mesinha infantil, cadeirinhas, livrinhos de pintar, lápis de cor e um pote grande de Slime (quem é que não conhece essa nova versão da antiga "geleca", uma massa brilhante, colorida e pegajosa que virou febre entre as crianças?).

Recebi a criança na loja com calma, atenção e disponibilidade. Tentei perceber qual brinquedo ela gostaria de ver primeiro e apresentei o cantinho especial que eu tinha preparado para ela. A menina ficou toda entretida e feliz com a atenção e com os brinquedos que ofereci, e permaneceu o tempo todo brincando. E os pais puderam conversar atenta e tranquilamente sobre o projeto. E foi assim que criei uma atmosfera de segurança essencial para que eles pudessem fechar o negócio.

Ao final da negociação, minha cliente disse: "André, eu não vou cotar em mais nenhum outro lugar. O que você fez por minha filha me encantou, e eu vou fechar o negócio aqui mesmo".

Entende por que eu concordo plenamente com aquele ditado que diz "quem meu filho beija, minha boca adoça"? Como poderia não concordar? Pense bem: que pais não ficam felizes com a felicidade dos filhos, vendo suas crianças sendo bem tratadas?

Essa é uma estratégia relevante, que já foi percebida e tem sido muito usada por estabelecimentos comerciais dos mais variados segmentos. Entre os restaurantes, por exemplo, existem hoje os chamados "kids friendly", ou seja, aqueles que têm espaços preparados especialmente para receber os pequenos. Além de playground e brinquedos, esses locais oferecem serviços de monitoria, cardápios especiais para crianças e estratégias de preparo rápido das refeições infantis.

Outros exemplos: consultórios odontológicos procuram diminuir a ansiedade dos pacientes mirins com livros e brinquedos nas salas de espera e até monitores de TV no teto dos consultórios. Já os salões de beleza investem em cadeiras e lavatórios especiais para as crianças, games e brinquedos... Tudo para tornar a experiência da família o mais proveitosa possível. Que mãe não se sente bem podendo dedicar um tempo a si enquanto vê seu filho usufruindo de uma estrutura pensada para proporcionar bem-estar a ele?

Claro que essas estruturas dependem do espaço disponível e do tipo de negociação que acontece em cada estabelecimento. Quem vai comprar um carro, por exemplo,

André Zem

precisa de tempo e tranquilidade para analisar as ofertas e decidir. Neste caso, um pequeno playground com brinquedos para crianças de várias idades e monitores de TV com programação infantil são opções interessantes. Se as compras costumam ser mais rápidas, jogos de montar ou lápis e livrinhos de pintar sobre uma mesinha já dão aos pais tempo para escolher e experimentar roupas, por exemplo, ou procurar um presente com calma.

É claro que algumas das nossas preocupações ao providenciar coisas que agradem às crianças têm também que ser quanto à segurança dos brinquedos e objetos fornecidos, à adequação às faixas etárias e ao estado de conservação do material, além de preparar nossa equipe para lidar com esse público tão especial. Não podemos descuidar desses detalhes tão importantes.

Porém, é preciso entender que nem sempre é necessário ter uma grande estrutura para atender bem às crianças. Em muitos casos, apenas ter em uma gaveta um quebra-cabeça reservado para a ocasião pode salvar a sua venda.

O importante aqui é compreender a importância de proporcionar ao seu cliente um local onde ele sinta o aconchego que é dedicado às suas crianças. Um trabalho bem-feito nesse sentido é mais da metade do caminho para o fechamento de uma venda.

Se você nunca mais quer perder uma venda, em hipótese nenhuma, tem que prestar atenção a esses detalhes. São pequenas coisas, mas que fazem uma grande diferença na hora de fechar uma negociação.

Você só vende se tocar o coração do cliente

Em grande parte das minhas negociações em vendas procuro colocar em ação princípios que comprovei, durante minha carreira de mais de duas décadas na área, serem ideais para obter o sucesso profissional. Vence quem vai para o lado da emoção, quem usa a criatividade, porque o chamado "lado prático da vida" é, na verdade, essencialmente criativo e emocional.

Quando li o livro *Inteligência emocional*, do psicólogo e escritor norte-americano Daniel Goleman, tive a comprovação acadêmica daquilo que eu havia percebido nos tantos anos de prática de vendas. Esse livro me fez pensar o quão importante são as relações entre as pessoas e o quanto cuidar do nosso relacionamento com o cliente é fundamental para as vendas. Em se tratando de vendas, o Quociente Emocional vale muito mais que o Quociente de Inteligência.

André Zem

A venda não é, definitivamente, um processo racional. Longe disso: mexe com nossas emoções. O verdadeiro vendedor de sucesso é aquele que consegue fazer com que o consumidor se sinta acolhido e importante. O cliente não gosta apenas de comprar com um vendedor, mas, sim, com um amigo que o valorize e entenda suas necessidades, por isso, vou contar a você um segredo que melhora minhas vendas constantemente: eu sempre procuro acordar muito animado, começar o dia em alto-astral e, enquanto me dirijo aos meus compromissos profissionais, mentalizo a frase "não se perde uma venda em hipótese nenhuma!". É como um mantra. Por mais simples que pareça essa atitude, o resultado, garanto, é mágico. Acredite! Este pensamento, com convicção, tem efeitos imensuráveis. Ele provoca mudanças nas atitudes do dia a dia e gera resultados cada vez mais surpreendentes.

Não se perde uma venda em hipótese nenhuma!

E quanto a você, como é que acorda? Qual música escolhe para sair da cama? Sugiro um tema de ação, para começar a jornada com alegria, na energia de quem vai usar o dia para fazer a diferença no mundo. Acordar de maneira positiva é primordial para quem quer ajudar outros a ficarem satisfeitos.

O vendedor tem a capacidade de auxiliar o cliente a resolver um problema, a ficar feliz. Neste ponto, sinto-me na obrigação de esclarecer que sou muito ambicioso, mas não ganancioso. E qual é a diferença?

Uma ambição legítima e saudável leva ao desejo do bem comum, de querer se beneficiar ao mesmo tempo em que ajuda outras pessoas nesse processo. A ganância, entretanto, foca no próprio ganho, sem se importar com os demais envolvidos.

A ambição é positiva e necessária se quer vencer na vida. É um desejo intenso em busca dos objetivos. Já a ganância é a perda de controle sobre os seus desejos. É, inclusive, achar necessário passar por cima de qualquer um, sem pensar nos ferimentos que isso pode provocar. Quem é ganancioso sempre quer levar vantagem em tudo, o que é muito triste e, em geral, dá resultados efêmeros.

Minha ambição sadia me dá a certeza de que estou oferecendo aos meus clientes sempre a melhor opção e a melhor solução. Isso aumenta e torna mais positiva a energia que coloco no meu trabalho.

Se você quer vender mais, com a certeza de que seus clientes ficarão satisfeitos, então é preciso saber afastar a energia negativa, afinal, ninguém está imune a dificuldades.

André Zem

É necessário preparar-se para sempre dar a volta por cima e colocar um sorriso nos lábios.

No começo da minha vida profissional, eu era o vendedor mais jovem, o caçula da loja de calçados. Sempre fui muito dinâmico e chamava a atenção dos clientes, o que me deixava bem animado. Um dia, porém, tudo estava parado demais e só apareciam clientes para fazer trocas de produtos. Aquela situação estava me deixando preocupado e ansioso. Eu só me lembrava das contas que tinha a pagar e que as vendas não estavam acontecendo. Era um daqueles dias em que nada parecia dar certo.

Vendo minha agitação, um vendedor mais experiente começou a me provocar: — E aí, garoto, não vendeu nada hoje, hein? Tá parado, né?

Aquilo me irritou e percebi que eu estava ficando mais ansioso, portanto, com menos chance de fazer uma venda. Eu sabia que precisava fazer algo para me acalmar. Falei, então, para o gerente: — Vou lavar os pés na praça! E saí em seguida.

Acho que ninguém entendeu nada, mas foi isso mesmo o que fiz. Cheguei à praça José Bonifácio, no centro de Piracicaba, fui até o chafariz, tirei os sapatos, as meias e mergulhei os pés na água. Ali, fiquei olhando para a catedral e fazendo minhas orações, cultivando pensamentos positivos.

Voltei animadíssimo à loja, avisando aos colegas que tinha "lavado minha alma" no chafariz da praça. O fato é que, ao lavar meus pés, interrompi a corrente daquela energia negativa. Aquilo virou uma marca ritualística minha. Quando as coisas estavam no marasmo, saía para lavar os pés na praça e voltava totalmente refeito e animado, pronto para atender com boa energia todos os possíveis clientes.

Hoje, em minhas palestras, relembro sempre esse fato. Serve como uma luva para muita gente. Lavando os pés na praça, encontrei uma forma de interromper o baixo-astral e a má sorte. Você pode encontrar a sua própria maneira de afastar a negatividade. Talvez, prefira contemplar os passarinhos, o formato das nuvens... O importante é achar dentro de si a energia necessária para melhorar o seu ânimo e estar pronto para atender com alegria os clientes.

Evite pensar naquele dia em que as coisas não estão dando certo como "mais um dia ruim". Arrume um jeito de fazer com que seu dia seja positivo, apesar das dificuldades. Desperte para a vida com emoções que elevem seu astral e alegrem seus clientes. Somente assim você conseguirá chegar ao coração do consumidor.

Hoje, tem muita gente que me fala: acompanhei sua trajetória e você é merecedor, lutou por seu sonho e não abriu mão por nada. Diante disso, quero dizer que, se eu consegui, você também pode! Levei duas décadas respirando todos os dias o sonho de ser um escritor e palestrante especializado em vendas. Realizei este sonho e tenho certeza que você pode realizar o seu. Se você pode sonhar, você pode realizar. Divida o sonho em metas e crie uma estratégia para torná-lo real.

Se você pode *sonhar*, você pode REALIZAR.

Tudo o que é preciso para começar a caminhada rumo à conquista dos seus sonhos é responder estas duas perguntas: O que você mais gosta? Está disposto a pagar o preço para transformar seu sonho em realidade?

Pare agora por alguns momentos e pense: o que você está fazendo para construir o futuro que deseja? O que não está fazendo e, se fizesse, ajudaria a atingir mais rapidamente seus objetivos?

Você precisa entender suas motivações, acreditar nelas, saber o porquê te levam para frente. Quanto mais fortes os motivos, mais energia e determinação terá para buscar seus objetivos. "Tenha um motivo forte o suficiente e o seu sucesso será inevitável". É como naquela antiga história da raposa e do coelho:

"Mestre e discípulo caminhavam juntos e, de repente, viram uma raposa perseguindo um coelho. O mestre disse:

— Segundo uma antiga lenda, o coelho sempre escapa da raposa.

O discípulo discordou e, categórico, afirmou:

— Mas a raposa é mais rápida!

— Isso não é o suficiente. O coelho sempre dá um jeito de enganá-la – garantiu o mestre.

— Como assim? – quis saber o discípulo.

— Ora, a raposa corre por uma refeição. O coelho corre pela própria vida!"

Estabeleça o que vai te motivar a levantar todo dia cheio de energia para buscar o que deseja. Deste modo, seu sucesso será inevitável.

TENHA UM MOTIVO FORTE O SUFICIENTE E O SEU SUCESSO SERÁ INEVITÁVEL.

Este livro tem um conteúdo rico, com histórias reais da minha vida de mais de 25 anos no mundo das vendas e, também, de parceiros. Por vezes, são histórias engraçadas, mas que trazem lições profundas sobre como obter o sucesso. Ler esta obra é só o começo da sua jornada. A partir do momento em que se apaixonar por vender, vai perceber como pode conseguir resultados muito além daqueles que imaginou. Mais que pensar em ter um final feliz, você vai querer começar de novo todos os dias, porque irá perceber que a felicidade está no percurso e não somente no ponto de chegada.

NADA DE SER A VÍTIMA

Hoje, existe no universo das vendas uma porção de técnicas e propostas muito difundidas, mas que não levam necessariamente a grandes resultados. Por fim, tudo acaba se tornando "mais do mesmo" e ninguém se atreve a inovar, ousar. Noto que faltam empenho e entusiasmo do profissional para a aplicação dessas táticas no dia a dia. A alma de vendedor, a paixão por vender, a motivação e a determinação para realizar os sonhos parecem ter desaparecido. Quando o profissional faz um atendimento sem buscar atingir o coração do cliente, todo o esforço está fadado à ruína. Não é possível um profissional de vendas de verdade atender o consumidor sem usar o seu lado humano.

Haja o que houver, você tem de estar focado na venda, respirando seu negócio, colocando sua alma no entendimento de como pode atender melhor a necessidade do cliente. O problema é que, na maioria das vezes, o pensamento "preciso vender para fechar a conta do mês" é o que impera entre os vendedores e o que acaba por colocar a venda a perder.

A frase "não se perde uma venda em hipótese nenhuma" é meu mantra – é claro que sempre levando em conta a satisfação do cliente. Ela ganha força a cada dia em minha mente e potencializa minha vida profissional constantemente. Isso me lembra a história do parquímetro:

Certa vez, fui estacionar o carro no centro de Piracicaba. O estacionamento era controlado por parquímetros e havia uma tabela de preços fixa, onde estava escrito:

½ hora: R$ 1,00;
1 hora: R$ 1,50;
1½ hora: R$ 1,75;
2 horas: R$ 2,00.

Peguei meu moedeiro e fui colocando no aparelho todas as moedas que eu tinha. Quando elas terminaram, vi que havia colocado na máquina apenas R$ 1,40. Comecei a procurar, desesperado, mais R$ 0,10, mas não consegui. Tentei com o motorista que estava na vaga ao lado e também com as moças que trabalhavam na loja da frente, mas nada.

Decidi apertar o botão e vi que as moedas caíram para dentro do aparelho. Pensei que a máquina iria devolver o dinheiro, por causa do valor insuficiente, porém, isso não aconteceu. Para minha surpresa, foi registrada a operação com 54 minutos de estacionamento. Fiquei espantado. Eu não sabia que era possível comprar um período fracionado. Nunca havia imaginado isso.

Refeito da surpresa, sorri e logo pensei: "Se nem a máquina perde uma venda, por que eu haveria de perder?"

Nesta situação, mais uma vez vi reforçada a minha frase favorita: "Não se perde uma venda em hipótese nenhuma". Infelizmente, muitos profissionais de vendas ignoram ou não dão a devida importância para essa forma de pensar. Para eles, perder uma venda é algo corriqueiro, normal.

Como líder de equipes de vendas, não gosto de quem procura tapar o sol com a peneira. Fico bravo ao perceber que alguém da minha equipe tenta esconder algo que já percebi que está acontecendo. Um dos maiores problemas dos profissionais em geral – em especial na área de vendas – é não assumir o próprio ponto fraco, que culmina com uma performance insatisfatória. Assim, várias vezes fiz aos profissionais de minha equipe que tinham perdido vendas a seguinte pergunta:

— Por que você não vendeu?

Não dá outra. As respostas são muito parecidas e sempre em tom de justificativa:

— O cliente estava mal-humorado; o cliente estava com muita pressa; o cliente mudou de ideia de repente...

Nesse ponto, sempre interrompo a pessoa e afirmo:

— Perguntei o porquê você não vendeu e você se justifica dizendo o motivo pelo qual o cliente não comprou.

Aí, pergunto novamente:

— Por que você não vendeu?

É nesse momento que convido o profissional a olhar para o próprio desempenho, sem se fazer de vítima das circunstâncias, analisando os pontos fortes e fracos que tem. Só assim ele poderá se preparar melhor para não perder a próxima venda.

Tudo começa sempre por você assumir a responsabilidade pelos seus resultados. É a partir daí que você passa a corrigir seus erros e a aprender mais e melhores formas de acertar e construir o seu sucesso em vendas.

André Zem

TUDO COMEÇA SEMPRE por você assumir a *responsabilidade* pelos seus RESULTADOS.

NÃO SE PERDE UMA VENDA EM HIPÓTESE NENHUMA

Você começa o dia de uma maneira positiva, mentalizando que "não se perde uma venda em hipótese nenhuma", ou levanta-se da cama com má vontade, reclamando e lamentando ter de sair de casa para mais um dia de trabalho? Será que você acorda toda manhã e vai deitar toda noite com o fantasma do desemprego rondando sua mente, pensando "será que vou ser o próximo"? Suas ações não estão mais surtindo efeito no sentido de alavancar suas vendas e você já não sabe mais o que fazer para sair dessa situação? O que você ganha de comissão é muito gratificante e torna sua vida abundante e tranquila ou seus ganhos mal dão para pagar as contas e não te possibilitam viver com qualidade e sem preocupação?

É muito importante perceber como é sua postura diante da vida e, em especial, do trabalho, porque é a maneira como você encara sua profissão que determina o futuro que terá nela.

A única forma de ter sucesso nos negócios e na vida é iniciar o dia sempre com boa energia e com a intenção de ajudar o máximo de pessoas a conquistarem aquilo que desejam. Se você trabalha com vendas, por exemplo, é preciso ter pensamento positivo e se imaginar fazendo de tudo para auxiliar o cliente, de modo que ele fique satisfeito com o seu atendimento. Construa na sua mente o poder de fazer alguma coisa diferente para fechar a venda.

Como já mencionei, a frase da minha vida é "Não se perde uma venda em hipótese nenhuma". Essa é a ideia que me ajuda a virar qualquer situação, mas em momento nenhum eu a utilizo sem pensar, também, - e principalmente - no benefício que o consumidor vai ter ao comprar comigo.

CONSTRUA NA SUA MENTE O PODER DE FAZER ALGUMA COISA DIFERENTE PARA FECHAR A VENDA.

Se, por ventura, o cliente está desistindo do pedido, penso nessa frase e reconstruo na minha mente o poder de fazer alguma coisa diferente para levantar a venda.

André Zem

Faço isso há anos e dificilmente perco um negócio.

Quer um exemplo?

Recordo de uma cliente que precisava comprar móveis planejados. Quando fizemos o projeto para o apartamento completo, ela falou que o valor havia ficado muito alto, mesmo financiando em 24 vezes, e já pensava em desistir da compra. Para mudar esta situação, perguntei se não teria algum veículo que pudesse dar como entrada – é claro que eu não estava querendo e nem precisando comprar um carro naquela época, mas não podia perder a venda. O verdadeiro empreendedor deve buscar todas as alternativas para fechar negócios.

A cliente disse, então, que poderia dar o carro como entrada, um Ford Ka 2005, já bem desgastado. Ela afirmou: – Passei em várias lojas e sequer quiseram ver meu carro. Fiquei triste com o atendimento deles, por isso achei que o carro não tinha valor.

Enxerguei naquele veículo uma grande oportunidade de negócio. Aceitei o carro como entrada correspondente a R$ 7.000 e parcelei o restante do valor do projeto. Fiz a venda e as duas partes ficaram muito felizes.

O que aconteceu depois?

Para terminar a história: naquela mesma semana, vendi o carro e a cliente me indicou uma sucessão de pessoas que compraram muito em minha loja, tudo porque ficou agradecida e surpresa com a atitude que tive. Até hoje, nas palestras, reforço que aquele Ford Ka virou uma BMW, tamanho o valor dos novos negócios que ele trouxe para a empresa.

Empreendedor tem de ser assim: possuir visão apurada, positiva e assertiva para fazer com que o consumidor não desista do próprio sonho. Cliente satisfeito sempre volta e é o melhor vendedor do mundo trabalhando a seu favor.

Costumo dizer que "a palavra tem poder", por isso, é muito importante ficar atento aos vocábulos que usa no seu dia a dia. Eles traduzem o que você pensa ou sente. Dizer coisas negativas pode puxar você para baixo.

Certa vez, eu estava com dois vendedores: um era campeão de vendas e o outro, de resultados medianos. Fiquei sabendo que ambos tinham cachorrinhos de estimação. A cachorrinha do vendedor campeão se chamava Riqueza. Quando ele chegava em casa, já ia chamando: "Riqueza, vem Riqueza!". O cachorrinho do vendedor mediano, porém, se chamava Prejuízo... Já sabe o que o dono deste animal falava todos os dias, né?

É claro que sugeri àquele rapaz que mudasse o nome do cachorro dele para Precioso, afinal, na vida, o que você chama é o que você atrai.

Agora, pense novamente sobre como você começa o seu dia. Que energia você coloca nas negociações com os clientes? Quais palavras usa habitualmente? Reclama com frequência que as vendas estão baixas ou usa aquele velho chavão "o mercado está em crise" como justificativa por não bater suas metas mensais? Você é aquela pessoa que nunca tem uma solução para os problemas?

Pensou sobre tudo isso? Então, leia atentamente as próximas palavras. Não, essa pessoa negativa não é você! Senão, você não estaria lendo este livro, procurando ideias para desempenhar melhor seu papel em vendas. Esta obra foi pensada justamente para te encorajar a lutar por uma negociação bem-sucedida para você e seu cliente.

Antes da grande transformação na sua vida, melhorando incrivelmente seu desempenho e resultado em vendas, é necessário que identifique qual tipo de profissional você é. A partir disso, vai compreender o que precisa mudar para conquistar tudo o que deseja.

O primeiro indício de um vendedor campeão é o numérico, levando em consideração o montante das vendas que alcança e quantas vezes atinge e/ou supera as metas. Um profissional de vendas por excelência, claro, tem números a perder de vista, mas não é só isso, porque existe o fator comportamental, que é o que na maioria das vezes define o futuro do trabalhador.

Existem três tipos de vendedores: tartaruga, pato e águia. Vejamos as características de cada um.

Vendedor tartaruga: de tão lento que é, seus resultados demoram a aparecer – isso, quando aparecem. Geralmente é ocioso, desmotivado, "enrolão" e desinteressado. Chega na empresa na segunda-feira já reclamando e pensando no próximo final de semana. Parece até que lê os jornais só para encontrar desculpas para seu péssimo desempenho: "O mercado está parado", "Ninguém está comprando nada", "A crise está cada vez pior", "O Governo isso, o Governo aquilo...".

Vendedor pato: desengonçado em todas as competências – não anda, não nada e nem voa direito. Não se sobressai em nada, porque não faz coisa alguma com maestria. Fica sempre na média. É morno, diz ser cauteloso, é tão "tranquilo", que se torna inerte. Trabalha apenas para colocar as contas em dia e cumpre, no máximo, 70% da meta estabelecida. Quase nunca demonstra entusiasmo e jamais se desafia a ultrapassar a média.

Vendedor águia: voa alto e tem visão aguçada. É confiante e se supera constantemente. Sente paixão pelo que faz e deixa isso claro. É agitado, sem parecer elétrico demais, e usa frases confiantes: "Já bati a meta!", "A loja está 'bombando'!". Reconhece em cada consumidor que entra na loja uma oportunidade única para realizar um trabalho primoroso. É um campeão em vendas e, quando se torna líder, atrai e mantém em sua equipe pessoas de grande qualidade profissional.

Você se reconhece em algum desses comportamentos? Consegue perceber em qual estágio está?

A autocrítica é importante para a identificação dos próprios erros, a fim de que possa corrigi-los e melhorar seu desempenho profissional. Entender que tipo de vendedor você é hoje, como se comporta no dia a dia de vendas, facilita a detecção do que deve mudar para garantir o seu sucesso. Tudo parte de uma análise, que leva a uma decisão de transformação e, claro, à execução daquilo que foi apontado como necessário. Quando falo sobre este assunto, lembro-me de uma pequena história sobre três sapos:

Existia, à beira de um lago, três sapinhos sobre uma folha. Um deles decidiu pular na água. Quantos sapinhos ficaram na folha?

— Dois?...

— Não! Ficaram os três. Não basta decidir, é preciso, de fato, pular!

Ação sem direção é como o cachorro que corre atrás do próprio rabo - não vai a lugar algum -, porém, decisão sem ação é delírio, não produz efeito. Não adianta resolver mudar sua vida profissional se você não arregaçar as mangas e partir para fazer as mudanças.

Ação sem direção não leva a lugar algum.

Decisões definem destinos desde que acompanhadas das ações correspondentes. Você precisa decidir e agir, para não ficar eternamente como o sapinho, em cima de uma folha no lago.

O processo de aprimoramento profissional do vendedor envolve, antes de tudo, uma profunda reflexão sobre seus pontos fortes e fracos, seus limites e as metas que pretende alcançar. Depois, é preciso decidir em que direção seguir e se empenhar nas ações para melhorar os resultados.

Quero ressaltar aqui que o profissional de vendas tem de ter em mente sempre, como um mantra, a frase "Não se perde uma venda em hipótese nenhuma", aconteça o que acontecer.

Sei muito bem o que estou falando e o quanto isso beneficia os resultados. Acompanhe o caso a seguir:

Quando eu era criança, uma vez estava andando de carrinho de rolimã e acabei quebrando um dente da frente. Como sobrou apenas metade do dente, foi feita uma capa de resina para ele. Fiquei assim por muitos anos, porém, perto do meu casamento decidi aumentar minha qualidade estética bucal e trocar aquele dente por um de porcelana. Antes, foi feito um dente provisório, até que o definitivo ficasse pronto.

André Zem

Acontece que, numa viagem a trabalho, de Piracicaba a Jundiaí, meu dente caiu. Fiquei desesperado, porque tinha um cliente me esperando. Tentei ligar para o meu dentista para ver o que fazer, mas ele não atendeu. Resultado: cheguei à loja com a mão na frente da boca, segurando o dente. O cliente veio me cumprimentar todo animado e eu simplesmente não sabia como agir, entretanto, como aquele não era o nosso primeiro contato, consegui dizer:

— Houve um imprevisto: meu dente caiu.

Ele olhou com atenção para mim e discordou, apontando: — Mas o dente está aí!

Eu respondi, com a voz esquisita: — Estou segurando o dente que está solto!

Quando tirei o dedo, o dente caiu e o cliente teve um ataque de riso enquanto eu mal disfarçava o constrangimento.

No final das contas, fizemos negócio muito mais rápido e muito melhor do que eu esperava. O humor contagiou o ambiente e ficou fácil fazer a negociação.

Esse fato serviu para reforçar a ideia de jamais perder uma venda. Como sempre digo: "É mais fácil eu perder um dente que perder uma venda".

SITUAÇÕES DE RISCO

Diversas podem ser as causas que impossibilitam o sucesso que você gostaria de ter nas vendas. Para chegar ao topo da escada é preciso começar lá embaixo. Comigo foi assim. Hoje, afirmo sem pestanejar que a subida tem sido prazerosa e, com certeza, de muita aprendizagem. Óbvio que ainda há muito a galgar, porque o aprimoramento em vendas é algo que não tem fim.

Vivenciei diversas histórias neste universo mágico da arte de vender e treinei milhares de profissionais. Utilizo essas histórias para transmitir meu conhecimento no assunto, principalmente durante o trabalho como coach, consultor, palestrante e escritor. Descobri que o método de ensinar contando histórias leva os que me ouvem ou leem a uma viagem divertida, rumo a resultados positivos.

Quando falo em vendas, minha energia não cabe em mim. Ela transborda. E é assim que tem de ser com quem está disposto a aprender a vender mais e melhor.

QUANDO VOCÊ FALAR EM VENDAS, SUA ENERGIA PRECISA TRANSBORDAR DA SUA ALMA.

Independente do que te impede de crescer nas vendas, isso é inteiramente e exclusivamente de sua responsabilidade, portanto, é você quem deve mudar o que não te favorece.

Vamos analisar, em seguida, algumas situações preocupantes no meio comercial.

Falta de ânimo

A falta de ânimo para vender é um dos principais redutores de comissões que existem. Só que o seu ânimo depende tão somente de você, por isso, vender mais e ganhar mais decorre daquilo que você faz.

O grande erro que tenho visto no ramo das vendas é que o vendedor só ativa sua energia de atendimento quando o cliente emite algum sinal de que realmente vai comprar. E, pior ainda, tem vendedor que não se mexe nem mesmo com esse sinal evidente de compra.

Em um fim de semana, por conta da festa de aniversário de um dos meus sobrinhos, minha irmã me ligou e pediu para eu comprar chapeuzinhos de papel em forma de cone e uma vela com efeitos.

André Zem

Fui a um supermercado e procurei logo a gôndola dos artigos para festas. Achei a vela, mas nada de encontrar os chapéus. Notei que um vendedor estava repondo mercadorias bem ao meu lado e perguntei:

— Moço, eu não achei aqueles chapeuzinhos em forma de cone. Onde estão?

Ele continuou colocando as mercadorias na prateleira e, sem olhar para minha cara, disse:

— Se não está aí é porque não tem!

Fiquei espantado com a resposta que ouvi, mas não parou por aí:

— Então... Você procurou, né? Achou? Não? É porque não tem!

Confesso que, de imediato, achei ter feito uma pergunta boba, no entanto, depois concluí que de bobo não tive nada. Aquele "vendedor" é que deveria estar em outro lugar e não ali próximo aos consumidores. Diante do ocorrido, peguei minha cestinha, deixei na entrada do supermercado e fui embora sem levar nada. Minhas compras foram em outro lugar.

Esse realmente é um caso de extrema incompetência e desinteresse daquele atendente – e, possivelmente, também do gerente dele. É bem provável que nenhum dos dois vá muito longe na carreira.

Quando o vendedor presta um atendimento de qualidade somente após o cliente dizer que está pronto para comprar, ele coloca nas mãos do consumidor a responsabilidade pelo próprio sucesso como profissional de vendas, o que é completamente errado. Tanto na profissão quanto na vida pessoal tem gente que só oferece boa energia à medida que a recebe. Tem muito vendedor que fica com o motor em marcha lenta, tentando poupar combustível, e liga as turbinas e acelera quando o cliente está praticamente se direcionando ao caixa para efetuar o pagamento. É o tipo de pessoa que entra em uma piscina molhando, primeiro, os dedos, depois, a canela, para sentir a temperatura da água e, finalmente, decidir se vale a pena ou não mergulhar. O problema é que aí pode ser tarde demais, porque é o primeiro atendimento que garante a permanência do cliente na loja, de modo que ele não saia para o mercado fazer outras cotações e acabe encontrando um profissional mais caloroso em outro estabelecimento, decidindo, então, comprar com aquele que, de fato, lhe atendeu como deveria.

Sentir a temperatura da água com o pé antes de pular na piscina não é uma boa estratégia de vendas. O melhor é se jogar logo por inteiro, mergulhar de cabeça no atendimento ao cliente, claro que com cautela, mas é que a demora, neste caso, pode fazer a coragem ir embora e o consumidor também.

É preciso mergulhar de cabeça no atendimento ao cliente.

André Zem

No mercado, vence – e vende – quem se mostra diferente em todas as etapas do processo comercial, do atendimento ao pós-venda, por isso, o que ensino e sempre prego em minhas palestras, cursos e consultorias é que o vendedor tem de ser espetacular, caloroso com o consumidor, dando um show do "oi" na entrada da loja ao "até logo" na porta de saída.

Usar o coração, a emoção e surpreender elevam as expectativas do cliente. Seja persistente na sua atuação. Atenda todos os consumidores como se estivesse em noite de inauguração. Faça seu trabalho com a alma. Tenha empatia. Mesmo que o cliente não compre no primeiro contato que fez com você, muito em breve ele vai voltar e comprar, vai indicar você a outros, falar bem do seu atendimento e o seu sucesso chegará.

O profissional que vende em estado de felicidade vende melhor e o cliente em estado de felicidade compra muito mais. Faça a sua parte com energia boa e entusiasmo e receberá a recompensa. Tenho uma crença que diz "Coloque para a vida, que a vida lhe dará em dobro". Esse é o pensamento que você, como vendedor, deve ter.

> O PROFISSIONAL QUE VENDE EM ESTADO DE FELICIDADE VENDE MELHOR E O CLIENTE EM ESTADO DE FELICIDADE COMPRA MUITO MAIS.

Crise como culpada

A crise político-econômica afeta os negócios? Claro que sim, mas tudo depende de como você lida com ela. Os momentos difíceis do mercado podem ser superados com criatividade, descobrindo novas maneiras de vender.

Em todos os ramos comerciais que pesquisei e já atuei, percebi que as crises costumam reduzir as vendas, no geral, em torno de 20 a 40%, mas culpá-las pelo mau resultado não inverte a situação.

Suponha que o seu mercado venda em torno de oito milhões de reais por mês e que a crise tenha diminuído esse valor para seis milhões. Ruim, não? Depende. Se você pensar que muitos dos seus concorrentes acabam quebrando por falta de habilidade deles mesmos, a competição vai ficar menor. É muito melhor disputar clientes com sete concorrentes que com doze.

O empresário que tem um negócio local e fica se preocupando ao extremo com o mercado global, deixando de estudar melhorias para o próprio empreendimento, não progride. Vejo gente sem atitude alguma porque acha que a crise vai acabar com toda e qualquer oportunidade comercial. Ficar parado enquanto o mundo gira não faz as vendas evoluírem. É preciso ter atitude, buscar alternativas para se destacar, como criar um novo plano de mídia, investir no treinamento da equipe de colaboradores e oferecer melhores preços. Quem quer alavancar os negócios não pode sentar e esperar que a situação melhore por si mesma. É por isso que eu digo que a crise é mais mental que real. Tem empresário que ouve falar de crise e não faz mais nada porque "a crise não deixa". Ele senta e chora e ainda corta publicidade, segura o dinheiro, dispensa funcionários importantes, age com mediocridade. Qualquer notícia ruim aniquila o cérebro dessas pessoas e faz com que lamentem sem fim, sem criar oportunidades para mudanças positivas.

Toda crise é mais mental que real.

Vendedores que não se preparam para atuar com a qualidade necessária no atendimento ao cliente e, consequentemente, perdem a venda, preferem culpar a crise que reconhecer que precisam melhorar o desempenho profissional.

Costumo praticar corrida na Escola Superior de Agricultura Luiz de Queiroz, em Piracicaba. O campus da faculdade é enorme e tem muitas árvores. Certa vez, quando estava com um amigo correndo no local, ele avistou uma goiabeira e, com um sorriso, me fez o convite: — "Vamos comer umas goiabas?"

Lá fomos nós! Mas a alegria de início logo foi substituída pela decepção. Bichos e mais bichos surgiam a cada fruta aberta. Misturando tristeza com humor, meu amigo soltou uma pérola: – "É... parece que a crise atingiu até as goiabas!"

A risada foi inevitável, mas, de repente, parei com o riso. O que ele havia dito, na verdade, não era engraçado. Foi algo sério. Então, respondi: – "Não... a crise não está na goiaba. Está na sua cabeça! Goiaba tem bichos desde que éramos crianças, não é?"

Quando alegamos que nossos resultados não são muito bons por causa da crise ou de qualquer outro fator, nos acostumamos com essa situação, fazendo apenas o que se espera de nós e, então, acabamos não progredindo.

Enquanto isso, outras pessoas que preferem buscar e aproveitar "as partes não bichadas da fruta" analisam o mercado de forma positiva, tratando da melhor maneira possível as possibilidades e procurando atender com excelência o maior responsável pela sobrevivência de um negócio: o cliente. Essas são as pessoas que crescem em meio a toda e qualquer crise que possa existir.

É preciso compreender que o mais importante é a atitude que você toma para melhorar seus resultados.

Prejulgamento de clientes

Existem muitos vendedores que chamo de "tatus em vendas", que adoram viver em um buraco e se esconder de tudo e todos. Um exemplo de comportamento típico deste tipo de profissional é que ele sempre sai com a turma para almoçar em vez de aproveitar o momento com menos vendedores na loja para dar um reforço nas vendas. Os "tatus" esquecem que é justamente na hora do almoço que as pessoas mais aparecem nos estabelecimentos comerciais.

Há, ainda, aqueles que vão dezenas de vezes ao dia tomar um cafezinho e ficam horas fofocando enquanto os clientes esperam pelo atendimento. Os que não desgrudam do celular também se prejudicam muito, porque não dedicam a devida atenção ao trabalho.

Em suma, os "tatus em vendas" fazem de tudo para chamar o próprio fracasso e depois reclamam que não estão motivados porque ninguém compra. O que não falta na área de vendas é tatu para levar você ao buraco, portanto, fuja deles.

Outra situação que tem a ver com o vendedor não estar motivado é quando ele não atende prontamente o cliente que entra na loja por prejulgá-lo como "o consumidor que não vai comprar". Ele utiliza uma espécie de "achômetro", como se conseguisse prever pelo olhar se a pessoa vai ou não adquirir o produto.

Lembro-me de uma ocasião em que eu estava em minha sala na loja de móveis e entrou uma das vendedoras, toda nervosa, dizendo:

— André, roubaram a minha venda!

Respirei fundo e disse que venda não se rouba, entretanto, ela insistia que tinha sido passada para trás.

Fui verificar o ocorrido e logo percebi que ela estava se fazendo de vítima. Notei que o cliente "roubado" dela havia chegado no local em um fusca velho. Como ela era a vendedora da vez - aquela que faria o próximo atendimento -, tratou de inventar uma desculpa para não atender o cliente – falou que precisava ir ao banheiro. E, assim, passou o suposto "abacaxi" para outra vendedora.

Acontece que o "abacaxi" era mais suculento do que ela imaginava. O senhor era um colecionador de carros antigos. Ele gostou do atendimento que recebeu da vendedora que o atendeu, voltou ao carro e retornou com uma planta da casa que estava construindo. Fechou um negócio alto e quem levou a comissão foi a colaboradora que o recebeu na porta da loja.

A reclamante se mordeu de inveja, evidentemente sem razão alguma.

André Zem

Diante do acontecido, dei a ela uma lição que chamo de "Frango em Vendas". Por que este nome? Porque frango cru não tem cheiro e não chama a atenção. Não há nada nele que instigue a degustação. Já o frango assado tem um aroma provocativo, que aguça o apetite, porém é preciso deixar claro que um frango assado é o resultado de muita atenção e cuidados dispensados a um frango cru. Um cliente, antes de tornar-se fiel, requer, óbvio, também dedicação.

A vendedora que disse ter tido o cliente roubado, mas, na verdade, não quis "prepará-lo" para efetivar a compra. Ela não se dedicou. Deixou-se abalar pelas aparências iniciais, sem imaginar que o melhor ainda estaria por vir. Isso é típico de vendedores preguiçosos, que não entendem o real significado da palavra trabalho e querem apenas facilidades.

Arrematei a conversa dizendo a ela: — Querida, você quer apenas o fácil, mas só sobrou o difícil. Você está atrás de frango assado e na empresa só tem frango cru! Quem não se esconde e, mais que isso, usa o coração em um atendimento garante fidelização do cliente. Quem corre na frente bebe água limpa. Quem corre atrás nem água bebe.

Quando o vendedor está motivado no trabalho, ele atende bem e com excelência o cliente, não importa quem seja a pessoa que entra na loja.

Ausência de estímulo da empresa

São diversas as empresas que não incentivam seus profissionais a venderem mais, porém, sempre é possível – e muito desejável – trabalhar com autoestímulo, afinal, se você não buscar a realização dos seus sonhos, ninguém, repito, ninguém vai fazer isso por você.

Se você não buscar os seus sonhos, ninguém vai fazer isso por você.

Claro que sempre tem também a responsabilidade da empresa nos resultados obtidos pelo vendedor. Ela precisa ter um perfil que estimule a satisfação do funcionário por trabalhar ali. Já trabalhei em empresas em que o dono era muito muquirana e nem pensava em premiar seus funcionários de destaque, para aumentar seus lucros.

Quando a empresa não valoriza o funcionário, não dá prêmios, não anuncia seus produtos na mídia, não faz promoções, não contrata pessoas para dar treinamentos para os funcionários, é bem mais difícil manter o ânimo no trabalho. Se a empresa não tem um café na loja para o cliente, não faz um agrado para ele, não recebe e acolhe o comprador, é claro que o estímulo do profissional vai minguar.

Gosto muito de falar do cafezinho quentinho na loja para servir ao cliente. É algo tão simples e barato, mas que demonstra um apreço pela pessoa que entra em seu comércio. Não importa se a loja é grande ou pequena, oferecer essa bebida pode fazer a diferença na hora de fechar negócio. É uma gentileza, uma forma de deixar o ambiente mais amigável, aconchegante, aromático. E é um ótimo estímulo para uma conversa descontraída com o cliente, preparando o "terreno" para depois negociar a venda.

Acredito, de verdade, que aquele cheirinho de café na loja atrai pessoas, porque passa a sensação de acolhimento, de casa da avó, de família, de união. Tenha o momento em que o cliente está degustando o café no seu estabelecimento comercial como uma oportunidade para estreitar laços, criar um vínculo com ele.

Mostre-se atencioso. Converse, pergunte, investigue a real necessidade dele e, claro, o desejo. Estes instantes bebendo o cafezinho podem ser muito mais que apetitosos. Podem ser proveitosos.

Fico bobo ao ver como alguns empresários não percebem a simplicidade e, ao mesmo tempo, a grandeza do cafezinho com o cliente. Há quem ache que gastar com café é bobagem e o que realmente importa é o cliente gostar do produto que quer levar para casa.

Aproveite o tempo do cafezinho para construir um relacionamento com o cliente. Desperte nele a vontade de voltar, vontade de "quero mais". Café aproxima, relaxa, faz com que o diálogo flua. Tenho um amigo que fala constantemente: é depois do café que eu me expresso.

Se existir incoerência entre o discurso e as atitudes da empresa, o vendedor vai ficar desmotivado. Se a empresa não recebe bem o cliente, não entrega um produto de qualidade, não cumpre prazos, não faz um bom atendimento pós-venda etc., não há como construir uma carteira de clientes fiéis, por mais dedicado que o profissional de vendas seja.

Se a empresa é ruim, o profissional muitas vezes nem quer vender mais, porque não tem motivação para isso e sente que seus esforços estão sendo mal aproveitados. Ele, então, acaba optando por sair da empresa.

É difícil para alguém que entra em uma companhia querendo crescer não receber o estímulo necessário para fazer o seu melhor. Se a empresa, porém, paga certinho, valoriza o profissional, oferece ambiente de trabalho agradável, é preciso ver se o funcionário está com a estrutura emocional boa, se está tudo certo com ele e se não está reclamando sem razão. O vendedor tem de fazer a parte dele também. Isso me faz lembrar de um episódio que ocorreu com um ex-funcionário meu:

Tive um funcionário que era a imagem da desmotivação no horário comercial. Aquilo me intrigava, aliás, mais que isso, me preocupava. Resolvi, então, convidar esse colaborador para um jogo de boliche. Ele se transformou. O vendedor apático deu lugar ao craque dos strikes. Derrubava todos os pinos a cada jogada e esbanjava uma energia formidável. No boliche, aparentava estar em seu território natural. Ele conversava, dava risada, comia pastel, tomava cerveja. Nada a ver com aquele funcionário que parecia afastar ou fugir dos clientes.

Diante disso, na manhã seguinte, o chamei para uma conversa:

— Vamos bater um papo...

Sentamos e eu perguntei, de imediato:

— Você sabe por que na empresa é tão desmotivado e no boliche tão animado?

— Não sei, afirmou o vendedor. Pude sentir a sinceridade na voz dele.

Aproveitei a deixa e finalizei:

— Porque na loja você não enxerga os pinos, que, na verdade, configuram o motivo pelo qual está lá! E motivos existem de sobra. Até mais que a quantidade de pinos do boliche. Você atua em uma empresa que tem um ótimo ambiente de trabalho, recebe o salário em dia, tem a oportunidade de crescer, é estimado como profissional, entre outros "pinos" que você tem à disposição. Se você conseguir valorizar tudo isso, fará a maior jogada da sua vida!

O rapaz sorriu, se animou e me agradeceu.

Foi assim que "arremessei a bola na direção certa"! Desta vez, o strike foi meu!

A verdade é que, levando tudo isso em conta, se você quer ser um campeão de vendas, não adianta esperar pelos estímulos da empresa. O profissional campeão tem de estar com as estruturas emocional e psicológica boas, sempre de prontidão, atendendo bem quem quer que seja.

Conforme o empresário e escritor norte-americano Jeffrey Gitomer no livro *A bíblia de vendas*, 50% dos resultados são provenientes da atitude do profissional de vendas.

Quando a empresa faz tudo certo, estimula os funcionários e valoriza os clientes, e o vendedor chega com toda força e disposição para atender o consumidor e vender, os resultados se multiplicam e todos se beneficiam. Cada um tem de cuidar efetivamente da sua parte, da responsabilidade que lhe cabe.

Descrédito em si mesmo

Se você não está acreditando na sua capacidade de realização da venda, então é só mudar de postura e de atitude. "Ah, mas isso não é fácil!...", você vai dizer. Pois saiba que toda crença cai quando você coloca outra no lugar dela. Passe a ter crenças melhores a seu respeito que as ruins sumirão ou perderão força.

André Zem

TODA **CRENÇA** CAI QUANDO VOCÊ COLOCA OUTRA NO LUGAR DELA, ENTÃO, PASSE A TER **CRENÇAS** MELHORES A SEU RESPEITO.

Acredite que você pode resolver o problema do cliente e fazer uma venda de qualidade. Entenda que você tem a capacidade de vender e aceite a responsabilidade sobre a satisfação do cliente. Mesmo nas situações mais difíceis, que você talvez nem possa imaginar, acredite que você é capaz de concluir a venda, de resolver o problema do cliente e deixar a todos satisfeitos, inclusive você.

Acha que existem situações para as quais não se dá jeito? Mude essa crença se quer mesmo ter sucesso em vendas. Veja um exemplo de como não perder a venda em uma ocasião, no mínimo, embaraçosa.

Esta história é bastante emblemática. Eu era gerente de uma loja de móveis e fui chamado para fechar a venda de um sofá. O preço era R$ 680, mas o casal pechinchou para R$ 530. Não recusei a princípio, mas disse que eles poderiam ter um desconto de 10%. Naquela mesma hora, estacionou na porta da loja uma perua Kombi, usada em entregas, e o cliente com o qual eu negociava disse: — Olhe, é o mesmo sofá em cima da Kombi!

Não perdi a chance de responder como um bom vendedor: — Pois é, este sofá tem muita saída, pois é de ótima qualidade e seu custo-benefício vale muito a pena.

Embora eu tenha dito aquilo, comecei a ficar com a "pulga atrás da orelha". Não era dia de entrega na cidade e achei estranho que fosse o mesmo sofá azul que eu estava tentando vender. Fiquei com um olho no peixe (a venda) e outro no gato (o sofá).

Minha preocupação aumentou quando uma senhora desceu da perua. Nas mãos dela, observei uma folha rosa que eu havia dado no ato da compra. Meu pensamento foi: "se ela entrar aqui para reclamar do sofá, vou perder esta nova venda". Tive de agir rápido. Aceitei a pechincha de R$ 530 (o casal ficou felicíssimo), depois disparei por um corredor e turbinei o volume do som. Fui ao encontro da reclamante. Ela havia acabado de jogar o sofá na porta da loja e se queixava a quem pudesse escutar. Comecei a gritar: – A senhora ganhou o prêmio da rádio, parabéns! Com o som alto, ninguém ouvia o que ela falava. Encaminhei-a à sala de atendimento ao consumidor, fechei a porta e disse: — Calma, senhora. Por favor, não "queime" minha única venda do dia. Eu vou resolver tudo!

No fim, ficou tudo bem. Nunca me esqueço do quanto corri para salvar aquela venda. O movimento estava fraco e eu tinha uma meta a bater, por isso, calculei, com a rapidez que a situação exigia, como fazer para não permitir que os clientes vissem, no momento da compra, uma pessoa insatisfeita com o produto por eles desejado.

Após narrar essa história, é justo que eu compartilhe o motivo que levou a senhora a devolver o sofá azul. Ele havia sido entregue com um pequeno rasgo no braço esquerdo, devido a problemas no transporte. A cliente tinha feito uma ligação ao SAC solicitando troca imediata, mas o departamento responsável ainda não havia conseguido atender. Para complicar, era sexta-feira e o depósito da loja ficava em outra cidade. Resolvemos, então, emprestar à consumidora o sofá do mostruário até que um novo chegasse à casa dela, o que aconteceu na semana seguinte.

Lembre-se que a todo momento eu só pensava em atender bem ambos os clientes e deixá-los realmente satisfeitos. Com essa intenção clara, fiz a minha nova venda e também resolvi o problema da outra cliente, que havia confiado em mim quando comprou comigo. Tudo isso só funcionou porque eu não vacilei e sempre acreditei que era capaz de resolver aquela situação.

É preciso crer em si e na sua habilidade de realizar vendas mesmo em condições desfavoráveis. Para um profissional de vendas deve valer sempre a máxima "Não se perde uma venda em hipótese nenhuma".

Conhecimentos insuficientes

Falta conhecimento para vender melhor? Mexa-se e vá aprender algo que lhe dê mais poder de venda. Estude! Vender é como pilotar um avião: você melhora à medida em que acumula mais horas de voo no seu currículo. Se você quiser ser um campeão em vendas, venda todos os dias, durante o maior número de horas possível, atendendo o máximo de clientes que puder. Vender mais e melhor só depende do profissional de vendas. É uma questão de atitude.

No livro *A bíblia de vendas*, o escritor, empresário e palestrante norte-americano Jeffrey Gitomer lista quatro principais motivos pelos quais um vendedor fracassa. Acompanhe no quadro a seguir:

	Motivo do fracasso	Frequência dos casos
1	Não tem treinamento adequado	15%
2	Ausência de liderança	15%
3	Falta de capacidade de expressão	20%
4	Atitude do profissional de venda	50%

Em 15% dos casos, um vendedor fracassa porque o treinamento dele é inadequado em relação ao produto ou serviço que vende e também para o fortalecimento das habilidades de vendas. Ele não procura entender tudo sobre o produto que apresenta ao cliente e também não participa de cursos e palestras para o aperfeiçoamento das técnicas de comunicação, de atendimento e de relacionamento com o consumidor.

Em outros 20% das ocorrências, o vendedor não tem sucesso por falta da capacidade de expressão. Ele tem poucas habilidades de comunicação verbal e escrita. Lê pouco, estuda pouco, não se informa, não acompanha o mercado e, com isso, não tem elementos para argumentar. Quando chega frente ao cliente, não sabe o que falar e a dificuldade de se expressar se acentua.

Em mais 15% dos casos, a ausência de liderança é fator determinante para a perda da venda. Quando o perfil do gerente é inadequado e fraco, surgem problemas entre líderes e liderados e, principalmente, o líder não tem condições de apoiar o vendedor na hora crucial de fechar uma venda. Líderes que não sabem negociar com o cliente também não sabem interagir na venda e não ajudam o vendedor a vender. O verdadeiro líder tem o que eu chamo de uma dupla força nas vendas. Ele é o apoio no momento de fechar negócio. Com relação a essa parceria sincronizada entre o líder e o profissional de vendas, tem uma história que costumo contar que chamo de "Quem encanta não espeta". Basicamente, é o seguinte:

Sempre digo que meus vendedores devem fazer um trabalho bem feito na missão de encantar o cliente. Se não houver esse encantamento, nada acontece. Cobro dos meus colaboradores que façam a parte deles de forma exemplar. Entendo que a função principal do vendedor é fazer de tudo para se aproximar do cliente, criar um relacionamento amistoso e, claro, fechar a venda. Se o "clima" para passar o preço dos produtos ao cliente não está totalmente adequado, podendo o consumidor dizer "nossa, eu estava adorando a nossa conversa e agora vem me falar em

André Zem

50 mil reais?", é a hora de o vendedor "vender" o gerente ao cliente, para que a negociação não esfrie. "Olha, faltam apenas alguns detalhes que preciso te passar, mas prefiro que meu gerente faça isso, pois ele está aqui para fazer o melhor para você, inclusive na questão de preço". Estrategicamente, o profissional de vendas acena para o gerente, que se aproxima, se entrosa na conversa e entra na negociação, falando de valores e condições de pagamento.

Em resumo: nessa forma de vender, o vendedor encanta o cliente e passa a "bola" para o gerente, que fica com a função de "espetar".

Isso, sim, é uma boa parceria entre líder e liderados. É isso o que chamo de o líder dar uma dupla força nas vendas. O vendedor gera a sinergia e o clima bom com o cliente e o líder vai lá e fecha a venda.

Finalmente, os 50% restantes das situações que geram sucesso ou fracasso da venda é uma questão pura e simples de atitude do profissional de vendas. Como sempre digo, para a negociação ter sucesso, se manter em pé e andando com tranquilidade, devemos levar em conta que "um pé é da empresa e o outro pé é do profissional de vendas". É esse conjunto que faz a diferença, que permite ao vendedor se aprimorar e crescer.

Se olharmos de forma mais crítica para o quadro anterior, podemos perceber que existe a possibilidade de os itens 1, 3 e 4 serem resolvidos pelo próprio profissional de vendas. Isso significa que 85% da responsabilidade pelo sucesso das comercializações dependem somente do vendedor.

85% da responsabilidade pelo sucesso em uma venda dependem somente do profissional que conduz a negociação.

Você ainda não se acha o maior vendedor do mundo? Normal! Pode ser que ainda esteja no meio do caminho e tenha muito a aprender, porém, é bom se responsabilizar pelo seu desenvolvimento sempre. Sem essa de colocar a responsabilidade na sua empresa. Se você tem limitações, faça o máximo e o melhor que pode hoje e continue a se aprimorar.

Insatisfação com os valores de comissões

Existe uma insatisfação sua quanto aos valores de comissões que recebe? Aqui entra o meu conselho para que avalie com cuidado essa história de comissões, porque nem tudo é o que parece. Como diz um velho ditado popular, "a grama do vizinho sempre aparenta ser mais verde, entretanto, nem sempre é!"

O vendedor pode não fazer uma avaliação adequada quanto

às comissões e ficar com uma ideia errada, que gera insatisfação e prejudica o desempenho profissional. Costumo dizer que é comum o vendedor "cair no canto da sereia", de modo a pedir demissão do emprego para tentar "algo melhor" na loja concorrente, mas depois percebe que cometeu um erro.

Não se iluda com o canto da sereia.

Certa vez, um vendedor de minha equipe queria pedir demissão para ir trabalhar para um concorrente. Sentei com ele e procurei ver o que estava motivando essa mudança de emprego. Ele me disse:

— Na outra loja, a comissão é maior. Aqui eu recebo 5% e lá vou ganhar 7%.

É claro que eu conhecia muito bem o meu concorrente e sabia qual era o movimento mensal dele. Chamei meu funcionário, peguei papel e caneta e começamos a fazer contas juntos.

— Veja bem... - Comecei dizendo. — Aqui você vende em média 100 mil reais por mês. Com uma comissão de 5%, significa que o seu salário é de cinco mil reais. Naquela outra loja, eu já pesquisei e sei que a média de vendas dos melhores vendedores é de 50 mil reais por mês. O que quer dizer que 7% significam apenas 3.500 reais de salário mensal. Por aí, você já pode perceber que vai fazer uma mudança bem desvantajosa.

— É verdade... - Meu funcionário comentou pensativo.

Continuei: — É preciso entender que não é a porcentagem de comissão que conta. O quanto a loja vende é muito mais importante nesse caso. Melhor ganhar 1% de 100 que 10% de nada. Quando um vendedor planeja mudar de empresa, não pode pensar apenas em porcentagens de comissão. É necessário saber, principalmente, quanto vende a loja para onde quer ir. Outro ponto a considerar é se o novo estabelecimento tem um número muito maior de vendedores na comparação com o atual local de trabalho. Quanto mais gente para dividir o bolo, menor a fatia para cada um.

Vendo que meu funcionário continuava acompanhando meus argumentos, acrescentei: — Além do mais, o fato de a loja concorrente vender menos mensalmente significa que ela está sempre mais vazia, o que também desmotiva o vendedor. E nem vou entrar muito em detalhes sobre o ambiente de trabalho por lá. Já tive a experiência de recontratar funcionários que tinham mudado para a concorrência e depois voltaram para cá, mesmo ganhando bem no outro emprego. Quando eu perguntava o porquê do retorno, a resposta era: "melhor ganhar R$ 2 mil trabalhando no céu que R$ 4 mil no inferno, com aquelas cobranças de chefes bitolados e desatualizados, que ninguém aguenta". Você precisa avaliar a qualidade da empresa onde trabalha, valorizar o fato de que tudo é feito corretamente e no interesse de todos e, claro, se a loja é bonita e imponente, conquista e dá segurança para os funcionários e para os clientes. É preciso ter orgulho do local de trabalho.

Concluí: — Por isso, muito cuidado. Avalie bem quando tiver a oportunidade de trocar de emprego. Antes de decidir mudar, verifique se você não pode melhorar seus resultados dentro da empresa em que está. Muitas vezes, começamos a matar a venda com nossos próprios pensamentos e não será trocando de emprego que resolveremos o problema.

Apenas reforçando... Existem muitas outras causas, assim como as elencadas aqui, que dificultam as vendas, mas elas são exclusivamente de sua responsabilidade e, sendo você o único responsável por elas, isso significa que pode mudá-las, basta se dispor a encontrar as soluções e ferramentas que lhe faltam para aprimorar o seu ofício de vendedor.

A grande verdade é que muitos profissionais de vendas passam o dia correndo atrás de apagar incêndios, isto é, resolvendo problemas que foram criados por eles mesmos, parceiros ou falhas no sistema da empresa. Com isso, deixam de faturar porque têm menos tempo para se dedicar a vender.

Escrevi este livro para ajudar você a ter um método eficaz para administrar o seu dia a dia de vendas e tirar melhor proveito dos seus esforços.

SORRIA E MUDE SUA
REALIDADE

Vender mais passa obrigatoriamente por fazer um atendimento excelente ao cliente. Falando em qualidade no atendimento, não existe nada mais fundamental ao vendedor que sorrir. Se você entra em uma casa e os moradores demonstram alegria pela sua chegada, tudo melhora! Por que, então, um cliente se sentiria estimulado a comprar com quem não se mostra contente com a presença dele?

Você não tem nada a perder por se mostrar bem-humorado. O poeta Mário Quintana, que sabia das coisas e viveu muitos anos, definiu bem como vale a pena sorrir: "O sorriso enriquece os recebedores, sem empobrecer os doadores."

VOCÊ SÓ TEM A GANHAR POR SE MOSTRAR BEM-HUMORADO.

Sei que a vida não está fácil, que a crise ronda os negócios etc. Sei que há ocasiões em que o desânimo pega forte e você pode achar que esse negócio de ficar sorrindo a toda hora é difícil, mas, diga, há outra saída? Em que ramo de atividade é possível se dar bem sem ser alegre? É necessário, sim, demonstrar ao cliente a sua alegria em recebê-lo.

Pare de olhar para as coisas negativas. Todo dia tem uma notícia boa. Foque nela! Sorrir faz bem para o outro e a você também. A vida fica mais leve e agradável quando você sorri. O gênio do cinema Charles Chaplin já sabia disso há muito tempo e dizia que "um dia sem rir é um dia perdido". Cá entre nós, não é preciso ser um gênio para perceber que na área de vendas gente mal-humorada não vai para frente. Procure sempre manter a sua mente positiva.

> *Todo dia tem uma notícia boa. Procure por ela e foque nela para elevar o seu astral.*

Diga sim para a alegria, mas isso não pode ser da boca para fora. Essa alegria tem de vir de dentro, do mais profundo do seu ser.

Não aceite ficar em uma situação que não lhe agrade, que não seja aquela que você realmente deseja para a sua vida. Acos-

André Zem

tumar-se com algo incômodo não nos leva adiante e não traz melhores resultados. Momentos difíceis são propícios para que procuremos lançar mão de nossa criatividade. Para ver mudanças é necessário se reinventar e procurar novos caminhos sempre. Devemos usar as dificuldades como trampolins para saltar mais alto. Os obstáculos encontrados na área de vendas são especialmente importantes para podermos avaliar a nossa postura profissional e a qualidade dos nossos relacionamentos com o cliente.

A crise está emperrando tudo? Se você acredita nisso, está vendo apenas uma parte da questão. Há um mercado atrás das cortinas. As possibilidades existem e estão ao seu alcance, basta que você acredite que pode ver o que ninguém mais vê e tenha vontade de usar novas estratégias para ser bem-sucedido.

Sempre digo que a pior de todas as crises é a mental. A crise externa – do mercado, do país, da economia – não pode ser uma desculpa para algo que não deu certo em nossa vida. A forma com que lidamos com a nossa crise interna é determinante na quantidade de sucesso que vamos conquistar. Se existe uma crise no mundo lá fora, ela afeta igualmente você e seu concorrente, então, vai se dar bem quem tiver mais jogo de cintura e mais vontade, crença e determinação de lutar pelo sucesso.

Por falar em concorrência, quem é seu principal concorrente? Não se surpreenda com a resposta: é você mesmo. Se você tem uma visão limitada, só reclama e acredita que existe uma crise contra a qual não se pode lutar, está perdendo mercado para a sua própria crença no fracasso.

UMA VISÃO limitada leva a pessoa A PERDER mercado para a própria CRENÇA NO FRACASSO.

Certa vez, queria trocar o meu carro. Na busca por um veículo na principal avenida dedicada ao ramo em Piracicaba, vi como o clima entre os vendedores estava pesado, desanimado. Quase todos diziam que o setor enfrentava uma crise, que as vendas estavam paradas e que não viam a hora de trocar de área. Achei esquisito aquilo, mas mesmo assim troquei o meu carro.

Retornando à minha empresa, telefonei para o meu publicitário e comentei sobre a crise no setor de vendas de automóveis. Ele também achou estranho, pois tanto ele quanto o sócio haviam acabado de comprar carros zero quilômetro. Onde estava a crise?

Às vezes, a crise é mais mental que real. "Meu ramo está parado, ninguém está comprando nada!" A gente cansa de ouvir essa desculpa. Desculpa, sim. Sabemos

André Zem

que existe uma dificuldade no mercado – e sempre vai haver, não importa em que época estejamos –, mas tem vendedor que faz disso um motivo para se encostar e fazer corpo mole, por isso, digo: "não existe ramo de negócios parado. Existe vendedor parado".

> Não existe ramo DE NEGÓCIOS **parado,** O QUE EXISTE é vendedor PARADO.

Gente que fica só pensando na crise quebra, sobrando mercado para aquele empresário que tem uma atitude mais assertiva quanto ao próprio negócio. Culpar a crise pelo baixo desempenho em vendas é abrir mão do poder de mudar a realidade.

TENHA FOCO

É preciso ter foco naquilo que você faz ou não fará direito. Você precisa prestar atenção para não perder o rumo. Sempre que falo sobre isso, lembro-me de um acontecimento em minha vida:

No começo da minha carreira, eu ainda estava namorando a minha hoje esposa e tinha uma moto. Meu sogro ficou preocupado com a segurança da filha (e hoje, como pai, sei que ele tinha toda a razão) e me ajudou a comprar meu primeiro carro: um Gol, que mais poderia ser chamado de Golzinho. Simplesinho, na cor azul-havaí, mas do qual eu tinha orgulho.

Certa noite, quando estávamos no veículo prestes a passar sobre uma ponte, minha namorada me chamou para um beijo. Foi bem rápido, mas o suficiente para que eu tirasse a atenção do trânsito e batesse na traseira da perua Kombi à frente. Eu realmente não estava atento ao momento e o problema surgiu. Assim acontece na vida. Assim acontece nas vendas. Tenha foco no que é de fato importante. A qualidade total só é possível quando há, de fato, consciência sobre o que se faz. Você só vende quando está com o foco na venda.

Não adianta nada você ir trabalhar na segunda-feira já pensando em como será boa a festa que terá no sábado. O máximo que você conseguirá serão cinco dias de ansiedade, esperando por algo que parece demorar cada vez mais.

Uma das formas mais simples, naturais e perigosas de perder o foco no aprimoramento de suas técnicas de vendas é se deixar levar pelos eufemismos. É preciso tomar muito cuidado para não cair nessa armadilha. Eu explico:

Eufemismo é uma forma elegante, polida, de dizer uma coisa que pode chocar ou ferir os sentimentos da pessoa com quem se está falando. Mas por que ter cuidado com os eufemismos? Porque o cliente usa isso com a gente com muita frequência. Ele vai à sua loja e em mais três e, ao decidir comprar com o concorrente, diz a você: "Olha, gostei muito da sua loja, seu atendimento foi ótimo, seu gerente é muito simpático, o preço é justo, mas...". O pior é que ele fala de um jeito que dá a impressão de que você não teve culpa por ter perdido aquela venda.

Pense bem nessa situação: alguém ama Maria, mas escolhe casar-se com Joana... Que sentido tem isso? Estamos recebendo elogios pelo que oferecemos, mas não fechamos a venda. O que isso significa? É simples: que não fomos bons o suficiente para que o cliente decidisse comprar conosco e ele, para não nos magoar, inventou uma desculpa que acariciasse o nosso ego. Usou o eufemismo apenas para disfarçar o motivo legítimo pelo qual não comprou na nossa empresa. Enquanto prestamos atenção nas desculpas que o cliente deu para ter preferido outro fornecedor, tiramos o foco do fato de que há alguma coisa que precisamos melhorar para evitar a perda de outras vendas.

Deixo aqui um alerta: não acredite em elogio do cliente que decidiu comprar com o concorrente e não com você! Seria melhor o consumidor dizer claramente porque escolheu comprar com o concorrente - nos ajudaria a identificar mais facilmente onde o estamos desagradando -, mas como isso não acontece, cabe a nós avaliar e aprimorar os nossos serviços constantemente.

NÃO ACREDITE EM NENHUM ELOGIO DO CLIENTE DEPOIS QUE ELE DECIDIU COMPRAR COM O CONCORRENTE E NÃO COM VOCÊ!

Para descobrir os próprios erros e corrigi-los é necessário focar na qualidade do que se está fazendo e nos resultados obtidos, não cedendo a distrações de qualquer espécie. Caso contrário, gastará energia à toa. Tenho mais um caso que ilustra esse conceito:

Tudo começou em um final de tarde em que eu estava praticando minha corrida diária – essa é uma atividade que me oferece bons momentos de reflexão. Ao passar por trás de um prédio, onde existe um lago, fui surpreendido por duas garças. Aliás, mais especificamente, pelo voo delas. Isso mesmo! Já reparou no voo das garças? É uma cena muito bonita e interessante. Quando saem do chão é algo fascinante, principalmente quando pegam impulso para voar.

O episódio foi exclusivo para mim. Já eram quase sete e meia da noite, no horário de verão, e não havia escurecido ainda. Fiquei tão encantado com a situação que, mesmo tentando continuar com minha marcha, não consegui tirar os olhos daquela dupla que planava perto de mim.

O resultado? Acabei me distraindo com elas e fui com tudo para o chão, feito uma manga madura caindo do pé. Voltei para casa com os joelhos ralados e, claro, "culpando" as garças por terem me feito perder o bendito foco no que eu estava fazendo.

Quando a gente deixa de focar no que quer, os resultados não são tão bons. São, mesmo, muito ruins – um joelho ralado é uma boa lembrança disso.

Não estou dizendo aqui que devemos nos dedicar única e exclusivamente ao trabalho o tempo todo, sem nos dar a

André Zem

chance de, simplesmente, viver. Muita gente elege o trabalho como foco principal de vida e deixa de aproveitar pequenos momentos muito significativos. Existem profissionais que não tiram os olhos dos afazeres rotineiros, seja no computador, no celular, na agenda, e deixam a vida passar em branco. Não se dão o prazer de uma simples olhadinha pela janela, de ver o mar ou até mesmo observar as marginais congestionadas de São Paulo, que também têm, a seu modo, poesia e vida.

Sendo mais direto, quero dizer que ter o foco totalmente voltado à carreira profissional, 24 horas por dia, nos sete dias da semana, pode ser prejudicial. E a família? Fica em segundo plano? E os momentos relax ao lado de quem se ama? E o lazer sem preocupação? Tudo isso influencia no processo para se ter uma mente sã e, consequentemente, um corpo saudável.

Quando estamos trabalhando, precisamos focar totalmente no trabalho. Quando estamos nos divertindo, temos de nos entregar à diversão. Manter o foco precisa funcionar assim: não é necessário ficar o tempo todo "no ar" – nem avião fica. É preciso se organizar. Há tempo para tudo. Ficar com o foco constantemente ligado no trabalho não o torna perfeito, mas bitolado, feito aqueles cavalos com viseira, que só conseguem ver o mesmo caminho sempre. Intervalos servem para deixar a mente aberta a novas possibilidades. Tire o foco de toda e qualquer crise que dizem estar por aí e se concentre em vender. O meu conselho é dar pouco ouvido a essa história de crise e trabalhar mais o seu negócio. O segredo é focar em fazer o seu melhor, se concentrando na sua empresa.

Se você olhar por esse lado, vai perceber que, como eu já comentei, a crise é muito mais mental que real. Ela pode existir no mercado, mas o que importa é a atitude que você toma para melhorar seus resultados.

Quem foca na crise costuma dizer: "o mar não está para peixe". A gente sempre ouve essa frase, em tom de reclamação, quando alguém quer justificar as dificuldades do mercado e a ausência de resultados positivos. O que vale, mesmo, é modo de agir, não importando as condições do local onde se transita ou navega, como aprendi com um grupo de pescadores.

Durante uma viagem a Maceió, acompanhei em um final de tarde o resultado de uma pescaria à beira-mar. É um espetáculo bonito. Os pescadores jogam uma grande rede de pesca na água, ficam esperando os peixes e depois a recolhem para ver o resultado. Naquele dia, eram catorze pessoas no serviço, sete de cada lado da rede. O trabalho dura cerca de três a quatro horas e é pesado. Depois de jogarem a rede ao mar, enquanto esperam os peixes, os pescadores se dedicam a preparar e fazer a manutenção das outras redes, dos barcos e de apetrechos necessários à pesca.

Para mim, que sou leigo no assunto, quando puxaram a rede pareceu que a pescaria tinha sido um sucesso, mas um dos trabalhadores me disse: "Que nada, companheiro, hoje foi fraco! Tem dia que é assim mesmo: mal dá para cobrir os gastos!"

De imediato, me veio à mente a frase "Nem mesmo o mar está para peixe!". Aí, perguntei a ele: — E o que vocês vão fazer?

A resposta foi: — Vamos tentar de novo. Amanhã a gente tá aqui, jogando a rede. E uma hora a pesca vai ser boa.

Sim, é isso mesmo! A fartura chega após insistência, perseverança e foco na direção certa. Essa é uma lição grandiosa. Não vale a pena ficar reclamando. No dia seguinte, os pescadores iam tentar de novo. "Na próxima rede, as coisas melhoram!".

Caso a crise desponte no horizonte, fique ainda mais atento ao seu mercado, aos novos clientes, aos funcionários; negocie com veemência, anuncie com precisão, faça um marketing intenso, fale com seus clientes. Trabalhar com vendas exige plantar sempre e de maneira correta, para colher constantemente.

Vender tem de ser adrenalina na veia. Sempre digo isso em minhas palestras e ressalto que é preciso aprender diariamente a vender além do que se está acostumado. Quero ajudar você a ser um profissional melhor, a ter uma vida mais feliz e completa. Sua história pode mudar se você decidir lutar de verdade pelos seus sonhos.

As histórias compiladas neste livro tratam de estratégias de venda e motivação, uma verdadeira injeção de ânimo para o seu negócio. São situações do cotidiano que presenciei ou vivi e que se transformaram em belas lições de vida e do mundo comercial. Aproveite tudo o que puder e melhore seu desempenho. Respire seus sonhos todos os dias. Pague o preço da realização e realize-os. A profissão de vendedor lhe permite sonhar bastante alto e dar grandes saltos na vida, mas, lembre-se: só vence quem usa o coração, a emoção; quem surpreende, quem eleva as expectativas, comove e dá um show de atendimento. O cliente quer ser bem atendido e, se você fizer isso, ele irá vender por você.

Existem várias formas de encantar e fidelizar o consumidor. Algumas, até inusitadas. Um vendedor de garapa, por exemplo, pode dar uma aula de como tratar o cliente com amor, não apenas pensando no lucro. Sobre isso, tenho também uma história para contar:

Estava com minha esposa passando pela avenida Doutor Paulo de Moraes, em Piracicaba, em um dia quente, e parei meu carro em um trailer de garapa. Pedimos dois copos, que vieram cheios de gelo, um tanto aguados. O sabor não nos agradou muito, nem o preço: cinco reais cada um. Comentamos que achamos a garapa cara.

Dias depois, fomos tomar o caldo extraído da cana-de-açúcar no carrinho do Marcos, que, inevitavelmente, virou meu amigo. Estava uma delícia, com aquela espuma grossa por cima do copo. Deu gosto de tomar. Ao perguntar o preço, levei um susto. Marcos me disse que custavam dois reais. Paguei, mas fiquei achando meio estranho, pensando que era um preço injusto para ele. Até comentei com a minha esposa: "sinto que paguei barato demais. O Marcos não está cobrando certo, ele vai ter prejuízo. Como pode o outro cobrar mais que o dobro e a garapa ser pior? Vou lá falar com ele".

— O que foi, André, esqueceu alguma coisa?

Eu disse: — Não, Marcos. Eu só voltei para falar que você está cobrando muito barato pela sua garapa.

Ele deu um sorriso: — Relaxa, André. Eu não vou ficar rico com isso! Estou aqui para adoçar a vida das pessoas!

Enquanto eu cobrar dois reais, todo dia elas vêm me visitar e o meu espaço fica cheio!

Que doce lição! Um profissional que faz isso tem prazer em servir, em aproximar seus clientes! Que belo modo de demonstrar cuidado com o consumidor.

Independentemente de como esteja o mercado em que atua, é muito importante se manter positivo, pensando em boas coisas e praticando ações que construam um relacionamento saudável com o cliente.

Gosto muito de um texto do escritor norte-americano Ralph Marston que transmite a necessidade de sermos positivos.

"Uma luz apenas pode fazer uma grande diferença quando temos somente escuridão à volta. Quando você acende uma luz numa sala iluminada, a diferença é mínima. Mas, quando acende uma luz numa sala que estava totalmente escura, você modifica de forma significativa o ambiente. A luz revela possibilidades. Ela faz os obstáculos parecerem menos ameaçadores e deixa as situações mais claras e fáceis de se resolver. Quanto mais você estiver rodeado de negatividade, maior será o impacto de manter-se positivo. Apenas a pessoa que insiste em dizer "sim, vamos conseguir" e que de forma contínua trabalha para fazer as coisas acontecerem alcançará resultados estupendos. Se você só

André Zem

consegue sentir energia negativa à sua volta, encare isso como uma oportunidade. Considere a diferença que você pode fazer com seu pensamento e suas ações positivas. Acenda a sua própria luz e aqueles que estiverem por perto não poderão deixar de enxergá-lo. Quanto mais escuro estiver à sua volta, mais sua luz brilhará."

Perceba que a situação, por mais difícil que esteja, sempre pode melhorar e que não vale a pena desistir. A dificuldade, quando superada, nos leva à vitória. Mesmo que ela demore. Então, sonhe, trabalhe, acredite, realize.

MOMENTO DECISIVO

Os primeiros segundos de contato entre um vendedor e um cliente que acaba de entrar na loja são decisivos para ambos, para que aconteça uma boa negociação, que satisfaça as duas partes. É neste momento que a empatia deve prevalecer. É a partir desse contato inicial que a harmonia da relação vendedor-cliente pode se estabelecer ou se perder de vez. Cliente tratado de maneira fria não compra e não retorna ao estabelecimento.

O cliente pensa: — "Faça eu me sentir importante que compro!" Mas como fazê-lo sentir a importância que merece? Antes de tudo, pergunte a si mesmo: estou pronto para surpreendê-lo?

Nos dias de hoje, o consumidor busca algo novo em meio às infinitas opções que tem à disposição. Diante disso, é fundamental proporcionar ao cliente uma experiência satisfatória no atendimento.

Estou pronto para surpreender o cliente?

NUNCA MAIS PERCA UMA VENDA EM HIPÓTESE NENHUMA

Mostre ao cliente que você não é apenas um vendedor, mas um amigo. Essa é a primeira dica. Seja caloroso. Demonstre interesse pela presença dele no seu estabelecimento. Trate-o bem, mas sem exageros – não corra atrás dele pela loja como se ele fosse a presa e você o caçador. Tenha bom senso, seja sutil, delicado, dedicado e sempre muito atencioso.

Lembre-se que a ansiedade do vendedor mata a venda. Esteja disponível para o seu cliente, mas não vá com muita sede ao pote. Tudo na vida é uma questão de usar a medida certa. Não insista demais e não demonstre tanta expectativa.

> Lembre-se que a ansiedade do vendedor mata a venda.

Faça uma abordagem correta, porque ela pode definir os acontecimentos posteriores. É como em um namoro: se você dá um "fora" logo de cara, como vai reverter a situação? Se na primeira conversa com o cliente você "pisar na bola", vai esperar que ele pense o quê a seu respeito? Se chegar errado no cliente, como desejar uma grande venda?

Quer experimentar o que verdadeiramente funciona no momento de receber o seu consumidor? Então, como se diz popularmente, "saia do seu quadrado". Vá a outras lojas para ver como atendem você. Avalie se o que estão fazendo é agradável. Compare com a maneira que você recepciona seus clientes. Esse é um bom exercício para obter referenciais a partir do ponto de vista do cliente.

Na sequência, vamos conversar um pouco sobre os principais fatores que farão de você um campeão em vendas. São algumas atitudes que, se as adotar, vão colocá-lo no topo da lista de resultados na sua empresa e seu "passe" de profissional de vendas será muito valorizado.

CONHEÇA SEU CLIENTE

Quanto mais você sabe sobre seu cliente, melhor consegue atendê-lo, mais ele compra de você e satisfeito fica e, claro, te indica a outros. Portanto, estude o seu consumidor. Isso é certeza de sucesso em vendas.

Qual é a principal vontade de um cliente quando vai comprar alguma coisa? Ora, adquirir um produto de boa qualidade por um preço justo, concorda? E qual é o principal desejo de uma empresa? Certamente ter boas vendas, lucrar e satisfazer os clientes.

Se responder a essas perguntas é tão fácil, então, qual a razão de ver que isso, às vezes, não se resolve na prática? Essa questão me veio à cabeça quando fui a uma loja em Piracicaba para fazer estampas em camisetas.

Em minhas palestras, distribuo camisetas com a estampa "Motivando para vender mais". Faço isso há muitos anos e sempre mandei estampar na mesma empresa. Eu viajava para comprar as camisetas e depois levava para aplicarem a estampa. Como cliente, me considerava satisfeito até descobrir um detalhe muito importante. A empresa também tinha camiseta para vender, pronta para receber a estampa, mas nunca haviam me falado nada a respeito. A qualidade da camiseta deles, inclusive, era tão boa quanto a das que eu levava para estampar. Além disso, a camiseta pronta, com a estampa, ficava com o preço mais barato em 40%. Sem contar que eu poderia evitar o inconveniente de ter de ficar me deslocando para fazer a compra da camiseta.

Uma descoberta como essa faz toda a diferença, não? E por que não fui informado disso antes? Cliente nenhum gosta de saber que pagou em algo mais caro do que seria necessário e que perdeu tempo procurando o produto em lugares "errados".

Se eu tinha interesse em comprar e a empresa tinha interesse em vender, por que nunca antes haviam me oferecido as camisetas? Foi um erro sério das equipes de vendas e de atendimento.

Uma ideia clássica em vendas é "o que mais se vende é o que mais se oferece". Então, se você tem vantagens para o seu cliente, por que não deixar isso claro? Procure saber do que mais ele precisa e ajude-o a ter outras vantagens negociando com você.

O que mais se vende é o que mais se oferece.

Oferecer produtos e serviços que possam ampliar os benefícios que o cliente tem por negociar com você é a melhor maneira de obter uma clientela fiel.

Diga ao seu cliente: "olha, para você que é um cliente especial, temos esta promoção". Ele vai se sentir importante e, mais que isso, reconhecido. Comunicação é tudo em vendas e uma boa comunicação começa com você conhecendo o seu cliente e sabendo exatamente o que ele precisa.

Quem não arrisca, não petisca!

A sabedoria popular tem muitas ideias que a gente pode aproveitar para vender mais. Por exemplo, quem não conhece a frase "quem não arrisca, não petisca"? Essa é uma expressão que indica uma grande verdade: quem não é ousado, não age ou não corre riscos perde a oportunidade de alcançar o que deseja. Em outras palavras, quem não arrisca, não saboreia a vitória.

Mas o que isso tem a ver com vendas? É simples: um vendedor jamais pode parar de oferecer seus produtos. Quem não oferece, não vende — ou seja, quem não arrisca, não petisca.

NUNCA MAIS PERCA UMA VENDA EM HIPÓTESE NENHUMA

Eu vivo dizendo: quem mais vende é quem mais oferece. Aqui não vale aquele ditado "menos é mais". Toda situação é válida para conseguir um cliente em potencial, para despertar o interesse das pessoas para a sua marca e os seus produtos. Candidatos a cliente estão por aí aos montes, nos restaurantes, ônibus, cinemas, filas de banco... Cabe a você descobrir quem tem interesse em fazer negócio com sua empresa. E só dá para fazer isso arriscando a falar do seu produto em toda e qualquer oportunidade que aparecer.

Como exemplo, vou contar aqui três das minhas histórias de vendas bem-sucedidas, que tiveram início em locais inesperados, simplesmente porque arrisquei falar do meu produto.

Há algum tempo fui visitar um projeto que estávamos desenvolvendo para um cliente em um condomínio de luxo da cidade. Terminado o trabalho, peguei meu carro, e quando estava dirigindo para a saída, notei que um homem olhava para uma casa à venda, como se estivesse avaliando a possibilidade de compra do imóvel. Na mesma hora, meu instinto falou mais alto, estacionei o carro e fui até a pessoa. Eu me apresentei, disse que tinha uma loja de móveis planejados, citei o projeto que estava instalando no condomínio e deixei com ele todos os meus contatos.

André Zem

Um ano e meio depois, ele foi até minha loja, conversamos, fechamos negócio e fizemos os móveis planejados para sua nova casa. E, por incrível que pareça, essa venda foi tão boa que salvou o faturamento do mês da minha empresa, em um momento em que o mercado estava bastante parado.

O importante aqui é perceber que essa venda foi possível não apenas porque eu soube identificar um provável cliente, mas porque me dei ao trabalho de ir até ele, mostrar minha cara e minha marca.

Em outra ocasião, fui assistir a um ciclo de palestras de três dias na cidade de São Paulo, e lá tive contato com um casal que também participava do evento. Conversamos bastante sobre o conteúdo das apresentações e acerca de nossas respectivas áreas de atuação. Quando a programação acabou, nós já estávamos nos conhecendo bem e eu já tinha garantido aquela família como um possível cliente.

Não deu outra. Anos depois, aquele casal veio me procurar para que fizéssemos projetos para algumas quitinetes que tinham adquirido em São Paulo, para investimento.

Gosto bastante desta história porque, além de ter sido um ótimo negócio, começou num local totalmente inesperado e me trouxe clientes de um grande centro como São Paulo. O que nos mostrou que somos realmente competitivos no nosso mercado. E, ainda mais importante, aquelas pessoas se tornaram meus amigos queridos e são pessoas maravilhosas.

A terceira história aconteceu num consultório médico. Levamos nossa filhinha mais nova à consulta com a pediatra, pois não estava se alimentando bem. Na sala da médica notei que os móveis planejados eram bonitos e bem montados.

No final da consulta, comentei sobre os móveis, elogiei e disse que também era do ramo. Mesmo suspeitando que ela já tivesse um bom profissional para fazer estes trabalhos, não hesitei: deixei com ela meu cartão. Eu ainda não sabia, mas neste caso, o cliente em potencial não era exatamente ela, mas sim sua irmã, que acabara de comprar uma casa e nos procurou para que fizéssemos seus móveis planejados. Essa história ensina bem a necessidade de prestar atenção nas pessoas e nos ambientes.

É importante perceber que as histórias acima ilustram a importância de você sempre arriscar falar do seu negócio, em toda e qualquer oportunidade que tiver. Aqui não se trata de você se tornar um chato que só pensa na outra pessoa para vender algo. Na verdade, tudo vai de você criar um bom relacionamento com as pessoas e, a partir daí, aproveitar as oportunidades para falar daquilo que você faz, o que vende, com o que trabalha.

Você pode encontrar clientes em potencial nos locais mais inesperados. Por isso, é preciso estar sempre pronto para estabelecer novas conexões e falar do seu produto ou serviço. É importante também sempre ter com você alguma coisa que mostre com o que você trabalha. Muitas vezes, os funcionários preferem tirar o uniforme da empresa no horário do almoço para ir ao restaurante ou andar na rua "à paisana". Esse é o direito de cada um, mas ao fazer isso, a pessoa está desprezando a possibilidade de estabelecer uma série de novas conexões, que se iniciam justamente no momento do contato visual das pessoas com a sua marca.

É preciso sempre arriscar e jogar a isca, se você quiser pescar bons clientes. Fique atento. Afinal, quem não arrisca, não petisca!

Perceba o cliente

Não basta receber, você tem que perceber o cliente, o que são coisas totalmente diferentes. Não há ser humano que se sinta bem quando tratado de maneira fria. Perceber o cliente tem a ver com colocar calor humano na forma como você o recebe em sua loja. Deixe nítido ao consumidor que a presença dele é apreciada e valorizada no seu estabelecimento, mas seja cuidadoso, não o sufoque. Perceber o cliente é fazer com que ele saiba que será prontamente atendido e que pode se sentir à vontade no ambiente da sua empresa.

O vendedor tem de ser "a tampa da panela" do cliente. É mais ou menos como aquela história de namoro ideal mesmo, quando dizem que "um parceiro é a tampa da panela do outro", que se complementam, que funcionam muito melhor juntos. Bom relacionamento é primordial para uma venda de sucesso, que é quando ambas as partes ficam satisfeitas.

SEJA A 'TAMPA DA PANELA' DO SEU CLIENTE.

Houve uma ocasião em que tive uma conversa com um amigo a respeito de relacionamentos e reproduzo a seguir.

Esse meu amigo é daqueles "reclamões", que acha que só encontra pessoas erradas, sem reparar no quanto ele mesmo deixa de agir certo. Na tentativa de consolá-lo quando se desapontou com uma pessoa, eu disse:

— Relaxe, você ainda não achou a tampa da sua panela!

— Pois, é, mas acho que eu sou uma frigideira!

— Tudo bem, mas já reparou que hoje em dia até as frigideiras têm tampa?

"Até as frigideiras têm tampa". Essa é uma constatação que podemos levar para a vida profissional. Sim, porque quando você, vendedor, sente que ofereceu ao cliente tudo o que ele queria e superou as expectativas, se transformou na tampa da panela dele. É desafiante ter de lidar com um cliente "frigideira", aquele que é difícil de agradar, que não se rende ao primeiro contato, mas saiba que ele também tem a própria tampa. A grande questão é que a tampa tem de se adaptar à panela, ou seja, o profissional de vendas é que deve se encaixar aos desejos e necessidades do consumidor. Para isso, a criatividade é essencial.

Use a sua inteligência. Deixe de ser sempre igual. Eu tenho certa implicância com vendedores "Gabriela". Por que Gabriela? É uma referência àquela música "Eu nasci assim, eu cresci assim, eu sou mesmo assim, vou ser sempre assim", conhecida na voz da Gal Costa.

Incomoda-me muito gente que vive procurando desculpas para não mudar, para não tentar novas coisas, então, coloque o cérebro para funcionar. Se o cliente é "chato" (e isso quase sempre é uma injustiça), é porque ainda não foi seduzido por você, não descobriu que tem uma "tampa".

Seu atendimento tem de ser algo inesquecível. O cliente de hoje em dia quer excelência do primeiro ao último contato com o vendedor. Ele deseja uma sinergia que prossiga até o pós-venda. O consumidor deseja segurança, tranquilidade e confiança para comprar. Veja, nesta pequena história a seguir, do que estou falando:

Aconteceu em São Paulo, na agência bancária onde eu era correntista. Meramente entediado, aguardava minha vez em frente à porta da sala do gerente quando presenciei uma cena impossível de apagar da minha memória. Ele, o gerente, estava atendendo uma senhora naquele momento. No meio da conversa, ele pegou o teclado onde se digita as senhas, colocou nas mãos dela e disse:

— Senhora, por favor, agora, para efetivar a operação, preciso da sua senha!

A senhora pegou o teclado, colocou bem perto da boca e falou: — 2, 4, 6, 8.

O gerente ficou desconcertado, pois não esperava aquela reação. Ele pensou um pouco e, com toda calma, comentou:

— Senhora, por favor... Nossos microfones não estão funcionando hoje. Estamos passando por uma reformulação no setor de informática. Vamos fazer a operação digitando os números. Pode ser?

Ela entendeu, digitou a senha e fez como ele pediu.

O gerente anunciou que tudo estava efetivado com sucesso, levantou-se e a acompanhou até a porta, com um sorriso. Garantiu a ela que o banco estaria sempre à disposição e deixou um conselho antes de falar tchau:

— Senhora, de hoje em diante, não se esqueça de sempre digitar a senha com os dedos!

Confesso que me tornei fã daquele gerente. Ele usou uma mistura de sabedoria e empatia para entender a cliente. Isso não é um atendimento... É um espetáculo!

Então, lembre-se: não basta receber o cliente, você tem de percebê-lo. É preciso saber quem ele é, do que precisa e como entende o que você diz, para, então, fazer tudo o que estiver ao seu alcance para atendê-lo com excelência.

Vista o sapato do cliente

Faça você mesmo um teste. Troque de posição, tire algum tempo para fazer o papel de cliente e ver como se sente. Você pode ir a algumas lojas e analisar o tratamento que recebe. Escolha de cinco a dez lojas de ramos diversos no varejo e avalie se vai ser recebido ou percebido por um vendedor em pronto atendimento.

Veja se há um profissional de vendas esperando sua chegada e se ele o recebe de modo elegante, não apenas servindo o cafezinho na temperatura certa, mas usando a cortesia no tom adequado, sem bajular e com real interesse em atendê-lo.

Para saber o que outra pessoa necessita é preciso se colocar no lugar dela. Isso se chama empatia. Todo mundo que trabalha com vendas já ouviu (ou deveria ter ouvido) essa palavra. Empatia é a capacidade de compreender sentimentos e emoções. Algo indispensável para saber como provocar o interesse do cliente em comprar algo.

O que me deixa perplexo é ver como muita gente não consegue criar e valorizar a empatia, o que, consequentemente, atrasa a caminhada em busca dos resultados positivos. Lembrei-me disso quando, certa vez, uma colaboradora bateu à porta da minha sala pedindo socorro. Ela precisava de um dicionário inglês-português ou, então, de um intérprete:

— André, tem um senhor na loja que só fala em inglês e eu não compreendo uma palavra. Não estou conseguindo atendê-lo. Me ajuda! – Praticamente implorou.

Eu fui à área de vendas para tentar entender a situação. Quando encontrei o homem, ele já havia parado de falar e tinha colocado uma bolsa quadrada sobre a mesa da funcionária. Bum! O mistério foi desvendado:

— Olha, eu sou vendedor de paçoquinha. Comecei a falar desse jeito porque só assim vocês me dariam atenção. Se eu começasse falando da paçoquinha, vocês não iriam se interessar – afirmou o homem.

Confesso que fiquei com uma pulga atrás da orelha. Será que ele realmente falava em inglês antes da minha chegada ou

André Zem

só estava embromando? A minha única certeza foi: o método utilizado por ele não era nada bom. Faltou o quê? Empatia.

Por que cheguei a esta conclusão? Porque ele foi arrogante, trapaceou em vez de jogar limpo. Adiantou mostrar que sabe falar em inglês? Claro que não. Isso não aproximou os clientes, pelo contrário, só afastou. E, pior, disse que não daríamos atenção a ele se não agisse assim. Ou seja, nos julgou. Quem é que gosta disso?

O método usado pelo vendedor em questão conquista a atenção, o que é fundamental para um profissional de vendas, mas os limites de uma boa abordagem foram ultrapassados. Ele movimentou a estrutura da loja, tirando os profissionais das suas mesas de trabalho e, no final, todos se sentiram enganados. Eu perguntei para os funcionários: por que vocês não compraram dele? Todos ressaltaram a ideia de que era um "vendedor malandro". Para figuras como esta, o mercado está cada vez mais de portas fechadas.

Quer ver o resultado de outra situação em que me posicionei como cliente e pude sentir o gosto amargo de ser mal atendido?

Fui comprar flores para uma amiga que fazia aniversário. Eram quinze para as sete da manhã e o supermercado estava vazio. No caixa, perguntei à operadora: "Você não faz para mim aquele embrulho bonito, com o papel laminado e fitas?"

A resposta foi que o pessoal do balcão de atendimento ainda não havia chegado, então eu questionei se ela mesma não podia me ajudar, já que não tinha ninguém para atender. Ela foi simpática, mas clara: "Não sei fazer".

Eu quis saber se não havia outra pessoa para, pelo menos, me dar o papel e eu faria o embrulho em casa. Apesar da expressão de tédio, ela aparentemente tentou ajudar. Perguntou para a moça do lado: "Fulana, você não pode fazer um pacote para ele?" "Olha, são sete e quinze e meu horário de trabalho só começa às sete e meia! Meu horário ainda não começou e não vou trabalhar antes da hora."

A última esperança era a outra caixa, que estava lixando as unhas naquele instante. "Eu sou o-pe-ra-do-ra de caixa, não faço embrulho", declarou, sem nem desviar os olhos das próprias mãos.

Diante disso, eu mesmo fui ao balcão, peguei uma folha de papel e um pedaço de fita. Nenhuma das três se mexeu, apesar da total falta de consumidores àquela hora.

Que trio parada dura! Simpatia ao cubo! Fui caminhando e pensando na frase de Confúcio: "A pobreza anda tão devagar que a preguiça facilmente a alcança".

Fiquei triste de comprovar como existem profissionais que não demonstram amor nenhum pelo que fazem. A decepção é grande ao ver gente sem ânimo, que parece estar ocupando espaço, esperando apenas o dia de receber o salário. Estão mortas emocionalmente e não se entregam de coração às atividades para as quais foram designadas. Arrastam-se no tempo, têm sempre um ar aborrecido e não chegam a lugar algum. Como consumidor, só me restou uma escolha: já que existem vários hipermercados em minha cidade, decidi que não iria mais àquele.

Vá além

É fácil perceber o cliente em uma segunda-feira chuvosa, às nove horas da manhã, quando o dia de trabalho ainda está no início. Agora, naquele sábado após o quinto dia útil, com a loja abarrotada de pessoas, esta tarefa torna-se mais complicada, entretanto, é nesta situação que um profissional antenado se diferencia daquele que só cumpre tabela.

Mesmo em um dia agitado é preciso perceber o cliente, ir até ele e dizer: "Bom dia, dona Maria! Tudo bem? Estou atendendo a Joana, mas logo volto para dar à senhora a atenção que merece!". Com isso, o consumidor não fica perdido na loja. Custa muito agir assim?

> *Mesmo em um dia agitado é preciso deixar claro ao cliente que ele foi percebido.*

Perceber e agradar o cliente é bem simples, basta ter boa vontade e um pouco de sensibilidade. Com pequenos gestos de atenção, o consumidor passa a confiar naquilo que você propõe a ele. Ganhar a confiança do cliente é um dos passos mais importantes para a venda, mas para isso o vendedor tem de estar preparado e vigilante ao que acontece ao redor. Sobre isso, lembro-me de uma visita que fiz a um proprietário de uma loja de móveis planejados para quem presto consultoria.

Precisei visitar aquele cliente e estava acompanhado de uma profissional *coach*. Era um dia de "chuvona braba", um verdadeiro toró, como costumamos dizer no interior de São Paulo. A chuva estava tão intensa que não se via dez metros à frente.

Ao chegar à loja, pedi para a pessoa que estava comigo que aguardasse no carro, porque eu voltaria rapidamente com um guarda-chuva para pegá-la. Com o aguaceiro, entrei ensopado no estabelecimento. Fui recebido por uma funcionária, com quem me desculpei por causa do meu estado e, então, fiz uma simples pergunta, mas que acabou tornando-se fatal: "Por favor, você tem um guarda-chuva para me emprestar?"

Ela ficou com cara de paisagem. Parecia que eu tinha pedido uma coisa do outro mundo ou um milhão de dólares. Mas, não! Eu só estava pedindo um guarda-chuva para ir buscar minha colega de trabalho lá no carro. Só que ela não tinha um guarda-chuva na loja para receber os clientes em um dia como aquele.

Já estava chovendo há cerca de duas horas e um guarda-chuva é algo extremamente importante e até óbvio em um dia em que a água cai do céu fortemente, certo? Não, errado, pelo menos para a moça que me atendeu. Tive de retornar ao carro sem proteção alguma, debaixo de toda aquela chuva. E, é claro, o mesmo estava acontecendo com todo e qualquer cliente que "se atrevesse" a comprar naquela loja aquele dia.

Agora, vamos refletir. Deixar um cesto com uns quatro ou cinco guarda-chuvas disponíveis perto da porta em dias de chuva é o mínimo que se espera de uma loja que, de fato, percebe o cliente, porque isso demonstra que se está atento à dificuldade dele e preocupado em resolvê-la. Não é uma obrigação, mas faz diferença. Um momento que poderia ser mágico acabou virando trágico, tamanho o despreparo. Neste caso, perdeu-se a oportunidade de surpreender o cliente no exato instante em que ele mais precisava de auxílio.

É tão bom quando nossas necessidades são satisfeitas, não? Ser surpreendido com um bolo de fubá e um cafezinho quentinho quando menos se espera é uma maneira de cativar. Mostrar a brinquedoteca da loja para a criança que acompanha o adulto no local é criar meios de conquistar os dois, criança e adulto. Um simples guarda-chuva para levar o cliente, sem se molhar, da porta do carro à loja é uma gentileza que ele jamais esquecerá.

NUNCA MAIS PERCA UMA VENDA EM HIPÓTESE NENHUMA

Eu não era um cliente, estava a trabalho como consultor, mas quantas pessoas será que entraram lá naquele dia e ficaram molhadas? Aliás, quantas desistiram de entrar no estabelecimento? Quantas oportunidades de encantar o consumidor foram perdidas ou desprezadas?

Posso afirmar, sem dúvida alguma, que uma das minhas maiores alegrias é ver profissionais que vão além daquilo pedido a eles. Gente que sai do lugar comum, do trivial "arroz com feijão", que supera as expectativas, sempre se destaca. Na contramão da história anterior, existem alguns casos que faço questão de contar em minhas palestras como exemplos perfeitos de empatia e profissionalismo. Acompanhe:

Durante certo período da minha carreira, dei consultoria em lojas de pisos e revestimentos. Em determinada ocasião, notei que uma cliente estava negociando com dois estabelecimentos antes de escolher em qual deles iria efetivar a compra. A situação é completamente normal no mundo dos negócios. Estudar as diversas possibilidades oferecidas pelos vendedores é primordial para não se arrepender depois. A cliente até cogitou dividir nos dois comércios o montante de pisos que necessitava, porque havia sido muito bem atendida em ambos, porém, na última hora surgiu o diferencial que a fez decidir em qual deles efetuar a compra.

André Zem

Uma vendedora de uma das lojas havia ido à residência da cliente para confirmar as medidas do local onde o serviço seria feito. Ao chegar à casa, notou um grande risco no piso de um dos ambientes prontos e comentou com a proprietária: "A senhora já tinha reparado neste risco no seu piso?"

A cliente ficou preocupada na hora e demonstrou irritação com os operários da obra. Na sequência, foi pegar o telefone para ligar para o marido, a fim de relatar o caso. Enquanto isso, a vendedora procurou um paninho e ao encontrá-lo, sem hesitar, ajoelhou-se no chão e começou a limpar o risco. Esfregou o pano com a força que a venda exigia.

Quando a cliente retornou ao cômodo, ficou admirada com o esforço da moça e surpresa com o fato de que o risco havia sumido. A vendedora poderia, simplesmente, ter apontado o risco e ido embora, afinal, não era função dela limpar aquilo, mas fez diferente e foi justamente essa atitude que garantiu que a cliente fizesse todo o restante da compra com ela.

É muito importante estar disposto a ir além do que o cliente espera que você faça. Um pequeno ato de boa vontade e de preocupação com a satisfação do consumidor influencia na hora da decisão de compra.

Outra situação que ilustra este assunto se passou em uma loja de automóveis onde também fui prestar consultoria. Os colaboradores de lá me contaram um fato inusitado que estavam tentando solucionar:

Certo dia, apareceu um cliente que demonstrava disposição para comprar um carro, porém, na hora de pagar colocou uma condição à vendedora. Ele disse: "O negócio está fechado, mas eu só volto para pagar se o joão-de-barro cantar na minha janela!" Ninguém entendeu o que ele quis dizer com aquilo, mas o consumidor também não deu maiores explicações e saiu da loja.

A vendedora ficou sem ação na hora. O que dizer? Ela não sabia se era verdade ou uma piada com o intuito de protelar o pagamento.

Confesso que aquilo também foi inédito para mim, mas acreditar no cliente faz parte do "jogo das vendas". Se o joão-de-barro cantando era o sinal de pagamento, deveríamos, então, instigar o bendito canto do pássaro.

Expliquei, na minha consultoria aos

vendedores da loja, que hoje em dia, tamanha a concorrência em praticamente todos os setores, dar muito tempo para o cliente decidir pela compra pode não ser uma boa alternativa. O jeito, então, era procurar entender o "recado" passado por aquele consumidor. Pedi à vendedora que fizesse ligações espaçadas ao "comprador joão-de-barro", de modo que a relação dele com ela não esfriasse. Quando a profissional de vendas ligava, perguntava: "E, então, seu Mário, o joão-de-barro já cantou?" Ele respondia: "Calma, moça, vamos aguardar!"

Os dias foram passando e percebemos que, além de paciência, eram necessárias outras estratégias para assegurar a venda. Dedicada ao caso, a vendedora comprou um CD da dupla caipira Tonico & Tinoco que continha uma canção denominada João-de-barro e entregou ao cliente.

O senhor Mário conhecia e gostava da música e ficou emocionado com o presente. Passou uma semana e ele retornou à loja dizendo que o joão-de-barro havia cantado e que estava lá para fazer o pagamento. Ele virou um cliente assíduo da loja e todos os vendedores aprenderam o quão importante é não deixar de agradar o consumidor.

É claro que existem coisas estranhas ou inexplicáveis no mundo das vendas e aos profissionais desse setor cabe tornar os momentos de compra inesquecíveis para os clientes. Nada se compara à experiência de ser surpreendido por alguém fazendo muito mais do que se esperava dele.

Em uma viagem de férias com a minha família em Porto de Galinhas, ao voltarmos para o quarto do hotel, nos deparamos com nossas toalhas ajeitadas como se fossem esculturas de bichinhos como pavões, elefantes, peixes e cachorros e, também, corações. Todas tinham algum detalhe feito com flores dos jardins do próprio local de hospedagem, mimo de autoria da nossa camareira, Josenilda, que nos surpreendeu com aquela atitude de carinho, deixando uma ótima impressão sobre o estabelecimento e o serviço dela. A Josenilda nos marcou por conta deste diferencial e faço questão de falar sobre ela em todas as minhas palestras como exemplo concreto de singularidade no trabalho.

São atitudes desse tipo que fazem toda a diferença no conceito que o cliente começa a formar a respeito do serviço ou produto que procura. É preciso que as expectativas do consumidor sejam superadas. Se você quer resultados diferenciados em suas vendas, faça a diferença para o cliente!

André Zem

Para muitos vendedores e empresários, falta mudar a perspectiva de olhar somente o faturamento do negócio. O foco tem de estar no que o cliente realmente precisa e quer. Uma visão míope não enxerga longe, não vê o futuro, não se programa e, consequentemente, dificulta as vendas e impede o crescimento do profissional e da empresa.

É preciso ter clareza de visão. Aquelas gotas que escorregam nas lentes dos óculos quando há chuva não podem atrapalhar os passos necessários para proporcionar ao cliente uma experiência inesquecível, de tão agradável, em seu comércio. Você precisa se tornar positivamente inesquecível na mente do cliente. É necessário se renovar a todo instante e mostrar ao consumidor que ele pode contar com você, profissional de vendas, em qualquer circunstância.

Você precisa se tornar **POSITIVAMENTE** *inesquecível na mente do cliente.*

Deslizes ou distrações, por menores que sejam, podem colocar em risco a fidelização do cliente. Conto, em seguida, duas histórias para reforçar estes conceitos.

Quando minha esposa me falou que comprou algumas roupas e um tênis de corrida na mesma loja em que eu havia adquirido, anteriormente, um sapato para mim, ela relatou que, assim que chegou ao local, a vendedora da vez a atendeu com muita presteza.

Enquanto isso, a profissional que havia feito o meu atendimento na outra ocasião a reconheceu, cumprimentou, mas não interferiu no trabalho da colega.

Nas duas vezes, a recepção foi nota dez, segundo minha mulher. Isso fez com que ela indicasse a loja a uma amiga, que também foi bem atendida por uma terceira vendedora e ficou muito contente.

Ali, todos tinham uma preocupação clara em fidelizar o cliente. Como todas as vendedoras foram elogiadas, fiquei pensando: "É claro que as profissionais merecem aplausos, mas os administradores da loja também, por criarem um padrão de atendimento tão agradável."

Agora, uma pergunta: será que alguém casa e não faz questão de fidelidade? Difícil, não? Isso também vale para a profissão de comerciante. Funciona exatamente como um casamento. O lojista que não consegue criar uma boa relação com expressivo número de clientes, para que estes sejam fiéis a ele, acaba se divorciando do mercado e tem de fechar as portas.

É importante entender que apenas prestar um bom atendimento não garante a fidelização do cliente. Devemos estudar e utilizar técnicas que façam com que o consumidor não se esqueça da personalidade de quem o atendeu. Dessa maneira, a relação entre cliente e empresa tende a se fortalecer.

Lembro-me de uma história simples que aconteceu na padaria perto de casa, onde sempre vou. Os produtos são de primeira qualidade. O pãozinho é macio e quentinho, para minha sorte. Sou cliente desse espaço há muito tempo, desde que me mudei para o bairro. Sinto-me fidelizado! Um belo dia, fui lá, peguei minha senha e fiquei esperando, esperando, esperando para ser atendido. Detalhe: não havia ninguém no local além de mim e das cinco funcionárias do balcão. Uma estava no caixa, no lugar da administradora; outra conversava com ela; a terceira limpava o freezer, a quarta colocava os queijos brancos nesse freezer e a última tampava as embalagens de bolo.

Passados vários minutos de espera, nenhuma interrompeu o que estava fazendo para me atender. Diante disso, eu, parado com a senha na mão, falei, usando meu bom humor: — Ei, meninas, chegou cliente!

Uma, então, se dirigiu a mim, com um belo sorriso, se desculpando. Eu não esperei tanto assim, não fiquei bravo, mas é preciso manter o nível de excelência no atendimento, para que a clientela conquistada seja preservada.

É bom entender que cliente que já comprou também merece toda a atenção no atendimento, assim como quem ainda não comprou. Se você esquece o cliente do dia a dia e dá atenção apenas aos "possíveis" clientes, está errando feio na qualidade do seu atendimento. Tem comerciante que acha que o cliente fixo já é garantido e acaba relaxando no atendimento. Nesse caso da padaria, se eu fosse daqueles que reclamam de tudo, eles poderiam ter perdido um consumidor fiel, simplesmente devido a alguns instantes de desatenção. Não vale a pena correr esse risco.

André Zem

Cliente que já comprou TAMBÉM MERECE toda a atenção no atendimento, assim como quem ainda não comprou.

NUNCA MAIS PERCA UMA VENDA EM HIPÓTESE NENHUMA

Sempre reforço aos profissionais de vendas que no término de um atendimento é preciso dizer ao cliente "de coração, faço questão de atendê-lo sempre que retornar, ok?". Acredite, o consumidor gosta muito de saber que será sempre bem recebido, entretanto, isso só funciona se for de modo natural, se demonstrar um comprometimento verdadeiro, sem parecer um robô treinado. Assim, se cativa e cria relacionamento. Use e abuse da criatividade e da boa vontade e jamais esqueça que o cliente satisfeito é o seu melhor vendedor.

A MATEMÁTICA DA BOA VENDA

Por que um vendedor ganha ou perde uma venda? A resposta para esta pergunta se dá pelo resultado da soma dos Pontos Positivos (+) e Pontos Negativos (−) durante a interação com o cliente. Entre os pontos positivos do relacionamento com o consumidor estão: oferecer café quente, dar atenção genuína e disponibilizar ambiente organizado. Tudo o que for oposto a isso é tido como ponto negativo. Neste momento, talvez você diga: "Ah, isso é óbvio! Todo mundo sabe disso!" Mas será que sabe mesmo? Não é exatamente o que vemos por aí.

Durante as mais de duas décadas em que atuo no ramo de vendas, observei inúmeras situações que me levaram à conclusão de que o cliente define a compra, na maioria dos casos, pelo conjunto de experiências que a loja propicia a ele.

É mais ou menos assim que funciona: uma família resolve cotar um conjunto box de colchões em três diferentes estabelecimentos. Na primeira loja, é atendida de forma normal, sem muito entusiasmo. O vendedor parece inseguro e até mesmo não saber o suficiente sobre os produtos que vende. A impressão que dá é que ele não quer vender. No segundo local, há um pronto atendimento, é servido um cafezinho e a explicação do vendedor sobre o produto é boa. O terceiro estabelecimento tem um vendedor que recebe a família com um largo sorriso, brinca com a filha deles e explica detalhes da mercadoria, inclusive informando as medidas, para que não haja qualquer dúvida sobre caber ou não na residência. Ao final da conversa, serve bolinho de fubá e suco e avisa que presenteará o consumidor com um jogo de cama caso realize a compra.

Pergunta: qual loja reuniu mais Pontos (+) na negociação? Claro que a terceira, onde tudo foi feito para encantar o cliente. Pode até ser que o preço não seja o mais barato, mas todo o "pacote" de atendimento também merece ser valorizado.

O carinho na recepção do cliente nada tem de secundário, como muita gente pode pensar. É ele, na verdade, que faz com que o consumidor se sinta especial e não apenas mais um número. O lojista precisa entender que investir no atendimento diferenciado resulta em venda bem-sucedida.

A seguir, apresento exemplos de Pontos (+) e Pontos (-) que definem ou não uma venda. Estude esta tabela e depois construa a sua, baseada no negócio em que atua e nos clientes que tem.

PONTOS QUE DEFINEM UMA VENDA

PONTO (+)	PONTO (-)
Recepção gentil ao cliente na porta da loja	Cliente tem que procurar o vendedor no fundo da loja
Vendedor percebe a necessidade do cliente e faz de tudo para que ele se sinta à vontade	Vendedor aborda o cliente de maneira pouco gentil e pouco cordial
Oferecer café quente	Oferecer café frio ou não oferecer
Dar atenção genuína ao cliente	Falta de atenção ao cliente
Ter o ambiente da loja organizado	Ambiente poluído ou bagunçado

NUNCA MAIS PERCA UMA VENDA EM HIPÓTESE NENHUMA

Música ambiente adequada	Música alta ou inadequada
Vendedor recebe o cliente com um largo sorriso	Vendedor recebe o cliente de maneira fria
Explicação do vendedor sobre o produto é boa	Vendedor mal explica sobre o produto
Vendedor brinca com a filha do cliente	Vendedor faz cara feia ao ver a criança entrar na loja
Vendedor explica perfeitamente tudo o que é necessário	Vendedor fala somente o que o cliente pergunta
Na dúvida sobre o produto, o vendedor imediatamente busca as informações necessárias para esclarecer ao cliente	O vendedor não demonstra querer esclarecer dúvidas que ele mesmo não tem conhecimento
Vendedor já deixa tudo encaminhado para o fechamento da venda	Vendedor faz tudo de má vontade, como se a venda não fosse acontecer

André Zem

Vendedor dá um brinde ao cliente, como agradecimento pela compra	Vendedor nem mesmo agradece o cliente pela compra
Usar com sinceridade e atenção a frase "Perdoe-me pela espera"	Deixar o cliente esperando, sem dar nenhuma satisfação
Usar com sinceridade e atenção a frase "Quero me certificar de que não lhe darei informação errada"	Dar informações imprecisas ao cliente, por descuido, descaso ou mesmo para induzi-lo à compra
Ser sensível ao problema do cliente	Ser insensível ao problema do cliente
Usar com sinceridade e atenção as palavras "Senhor", "Senhora"	Ser grosseiro ou descortês no tratamento com o cliente
Garantir que o cliente seja bem atendido	Não fazer questão de prestar um bom atendimento
Garantir um serviço pontual ao cliente	Atrasar em seus compromissos com o cliente ou nos prazos assumidos

NUNCA MAIS PERCA UMA VENDA EM HIPÓTESE NENHUMA

Proporcionar um serviço cômodo ao cliente	Deixar que o cliente se sinta desconfortável em sua empresa ou com a negociação
Certificar-se de que o cliente seja realmente compreendido	Não dar atenção para o que o cliente realmente quer
Garantir que o cliente receba ajuda e assistência em todo o processo comercial, da pré-venda ao pós-venda	Falhar na assistência ao cliente, em qualquer fase do processo de atendimento
Fazer com que o cliente se sinta importante	Tratar o cliente com menosprezo e sem dar a devida importância a ele
Passar ao cliente a certeza de que ele está sendo apreciado	Não expressar satisfação em receber o cliente na empresa
Garantir que o cliente seja sempre reconhecido e lembrado	Dar atenção ao cliente somente enquanto ele ainda não comprou e depois esquecê-lo

André Zem

Garantir que o cliente seja respeitado	Não dar ao cliente o devido respeito
Sempre oferecer um benefício único ao cliente	Oferecer ao cliente apenas o que todos os concorrentes oferecem, nada a mais
Recapitular, ou seja, repassar a venda com o cliente, para dar a ele a certeza e a clareza do que comprou e do que vai receber, sem margem para dúvidas	Dispensar o cliente logo depois de fechar a venda, sem se preocupar em verificar com ele se ficou claro o que foi adquirido e as condições da negociação

No caso específico do "benefício único", cabe aqui uma explicação. Benefício único é aquele serviço, produto ou condição de pagamento que você oferece ao cliente e que nenhum outro concorrente tem. Na minha empresa de móveis planejados, por exemplo, garantimos ao comprador a entrega do pedido em 18 dias e, claro, sempre cumprimos esse compromisso. As fábricas que fornecem para os meus concorrentes são, em geral, do sul do país e por essa razão fica impossível eles entregarem em prazo menor que o meu. A entrega em 18 dias é, portanto, o diferencial da minha loja, o benefício único para o cliente e que, normalmente, faz toda a diferença na hora do fechamento da venda.

Lembre-se sempre que a venda só acontece quando você maximiza seus pontos fortes e minimiza os pontos fracos. Então, vamos ao lado prático desta nossa conversa: monte a sua tabela de Pontos (+) e Pontos (-). Depois disso, avalie como está seu potencial de realizar vendas. Lembre-se ainda que sempre é possível transformar Pontos (-) em Pontos (+).

A VENDA SÓ ACONTECE QUANDO VOCÊ MAXIMIZA SEUS PONTOS FORTES E MINIMIZA OS PONTOS FRACOS.

Na sequência, compartilho um caso da minha jornada de vendedor e consultor de vendas para deixar claro que "maximizar os próprios pontos (+) fortes" é uma estratégia poderosa para atrair consumidores.

Era início da noite e visitei o açougue de um amigo – vou chamá-lo de "Zé" aqui, só para facilitar. O açougue era daqueles de bairro, pequeno, com a porta principal dando diretamente para a rua. Já era horário de fechar o local e ele estava fazendo a limpeza do estabelecimento. De repente, parou um carro na frente do portão e de dentro do veículo um rapaz gritou:

— Tem frango?

O Zé só tinha um frango no balcão refrigerado, pois tinha vendido praticamente tudo naquele dia. Ele, então, levantou o frango pelo pé e mostrou ao rapaz interessado, que fez uma cara de quem não gostou. Diante disso, o Zé retornou a peça à geladeira e o homem do carro o questionou:

— Tem outro?

Cochichei rapidamente para o Zé: — Agora, vê se pega o frango pelo peito. O Zé obedeceu e mostrou a mesma ave para o rapaz, mas segurando-a de maneira diferente – dando outra impressão, como se ficasse mais vistoso.

— Beleza! Vou levar os dois! Foi essa a resposta que ouvimos, mas é claro que o Zé teve de falar que só tinha um e óbvio que o rapaz ficou bravo, se sentiu enganado, saiu cantando os pneus do carro e não comprou nada.

Sem dúvida alguma que o desfecho desta história não foi o mais lucrativo para o meu amigo, mas demos umas boas risadas e tive a chance de ensinar a ele algo sobre valorizar os pontos fortes do produto que se vende.

Maximizar os pontos fortes, neste caso, é pegar o frango pelo peito – de modo que ele fique mais bonito de se ver – e não pelo pé. Se o Zé tivesse pegado o frango pelo peito logo de início, é bem provável que o cliente efetivasse a compra.

É muito importante ter em mente que quando você tem muitos Pontos (+) na negociação, os eventuais Pontos (-) perdem força e se tornam menos visíveis. Isso trabalha a favor da venda. Invista sempre na criação de Pontos (+) em qualidade e transforme os pontos negativos em pontos positivos, para reforçar seu poder de negociação.

Venda você primeiro

O cliente toma a decisão de compra influenciado, também, pelo desempenho de quem o atende, por isso é preciso estar sempre atento aos sinais que o consumidor emite a respeito do atendimento prestado. O cliente é como um espelho do vendedor. Ele reflete se o profissional de vendas está agradando, fazendo uma boa abordagem, ou despreparado para criar um relacionamento que resulte na satisfação de ambas as partes.

Use o coração ao atender os consumidores, com a simpatia na medida certa. O atendimento feito com o coração abre todas as portas.

André Zem

Se o cliente não "comprar o vendedor", pode ter certeza que a venda do produto ou serviço oferecido não acontecerá. Isso significa que é necessário passar emoção positiva logo de início. Você, vendedor, é a compra que o cliente fará antes de decidir se vale a pena ou não investir dinheiro no que sua empresa oferta. A marca principal do seu negócio, primeiro, é você.

O atendimento feito com o coração abre todas as portas.

Quando você conquista o cliente, não existe concorrência, pois cada ser é único no jeito de falar, de agir, de tratar o consumidor. "Ninguém fala como o André, ninguém seduz como o André, ninguém encanta como o André...". É isso o que os clientes vão dizer.

Não importa o ramo de trabalho, sempre dá para criar um diferencial de atendimento e se sobressair ante os concorrentes. Um pipoqueiro, por exemplo, tem de ter algum diferencial? Talvez você responda que não, porque pipoqueiros sempre são iguais, mas é aí que se engana. Quem pensa assim não cresce. Um pipoqueiro que conheci em Curitiba, o Valdir, é prova concreta do que digo.

Valdir Novaki começou oferecendo um atendimento diferente no seu carrinho de pipocas e tornou-se um empresário de sucesso. Ele focou na qualidade, criatividade e na atenção ao consumidor e conquistou espaço no mercado. Hoje, ministra palestras para grandes corporações.

Valdir percebeu que muitas pessoas resistiam a comprar pipoca na rua devido à falta, principalmente, de limpeza nesse tipo de comércio. Constatado o problema, fez um curso de manipulação de alimentos e aplicou os conhecimentos no próprio negócio. É nítida a higiene impecável no carrinho de pipoca dele e perceptível a troca diária do uniforme branco. Além disso, quem compra pipoca com o Valdir ganha um guardanapo, fio dental e uma bala de hortelã. Ele cuidou de pequenos detalhes, que fizeram a grande diferença na conquista de uma clientela fiel.

Vender até debaixo d´água

Você acredita que "o mar não está pra peixe"? Isso é o que dizem aquelas pessoas que sempre arrumam desculpas para tudo, cultivam o negativismo e ficam naquele lenga-lenga de que a crise isso, a crise aquilo, é por causa da crise, e assim por diante. No mundo das vendas, pensar dessa forma é assinar um atestado de incompetência. Sim, porque quem acredita no que faz e que pode fazer a diferença vai longe para vender. Até entra na água, se for o caso. Deixe-me explicar melhor.

Certa vez, recebi de meu amigo Edson Luis Gomes, de Porto Seguro, no litoral baiano, uma foto que me fez pensar bastante e até me emocionou. Era uma imagem de um sorveteiro de praia dentro do mar, com o seu carrinho de sorvetes. Como o mar estava bem calmo, sem ondas, o vendedor deixava a areia e entrava na água, somente para servir os clientes que queriam tomar sorvete, mas não queriam sair daquele local tão agradável.

Esse vendedor saiu do lugar comum e se destacou nas vendas, porque foi aonde os outros não ousaram — tudo pela conveniência dos clientes. E como ele cobrava pelo produto? Marcava o consumo e depois recebia da pessoa quando ela estava de volta ao seu guarda-sol. Além de tudo, ele cultivava bons relacionamentos, porque confiava nos clientes e recebia também a confiança deles.

Olha que havia outros sorveteiros na areia, mas só ele ousou fazer diferente, só ele se importou em facilitar a vida das pessoas. Vendedor assim merece a confiança e a preferência do cliente.

O mais interessante é que os outros vendedores chamavam esse colega de "fominha". Mas se tem alguém que aprendi a admirar, depois de tantos anos de profissão, é o que chamo de vendedor "fominha". Adotei essa classificação dos jogos de futebol. Mas por que eu o chamo assim? Porque se o jogador "fominha" tem fome de bola, o bom vendedor tem fome de venda.

Ainda fazendo uma comparação com as ideias do futebol, é como se diz na frase: "Quem pede tem preferência, quem se desloca recebe". Não é assim nas quatro linhas do campo? Em vendas isso também vale. O vendedor tem de "pedir" a venda. Claro que isso não significa que ele vai ficar aborrecendo o cliente para finalizar o negócio. Mas no caso do nosso sorveteiro, por exemplo, "pedir a venda" significa estar onde o cliente está.

O consumidor de hoje quer mais valor naquilo que você oferece a ele, quer um atendimento diferenciado — e imagine só que experiência maravilhosa deve ser você poder comprar e tomar um sorvete enquanto está se deliciando no contato das águas do mar com o seu corpo.

O cliente percebe quando você lhe oferece esse diferencial, pode acreditar. Ele sente quando agradá-lo é importante para você. Se o cliente sentir que para o vendedor tanto faz vender ou não para ele, aí tanto faz mesmo: ele

André Zem

vai comprar com qualquer vendedor. Afinal, há tantos sorveteiros vendendo na areia da praia!

Por isso, não custa nada ser aquele vendedor "fominha" (no melhor dos sentidos), que batalha pela venda buscando sempre oferecer o melhor para o cliente. Vale a pena ser ambicioso naquilo que você gosta de fazer — e não entenda isso como ser ganancioso. Amor pelo que a gente faz, pode crer, contagia o cliente.

E isso funciona de verdade. Imagine-se no lugar daqueles clientes: você está no mar de Porto Seguro e ficou com vontade de tomar sorvete. Vê vários carrinhos na praia, mas a água do mar está tão boa que você não quer sair. Porém, de repente, você até leva um susto ao ver que um "maluco" entrou na água para levar o sorvete que você tanto quer. Isso não tem preço!

Vender a si mesmo para o cliente implica em prestar ótimo atendimento, estar apresentável, asseado, com boa aparência, assim como na história do pipoqueiro Valdir. Caso contrário, o consumidor não comprará o que você oferecer. É necessário comprovar a qualidade do próprio trabalho, passar confiança. Deste modo, os negócios tendem a ficar mais fáceis. Confiança é algo muito sério em vendas. Por falar nisso, deixe-me contar mais uma historinha:

NUNCA MAIS PERCA UMA VENDA EM HIPÓTESE NENHUMA

Alguns professores de uma faculdade de engenharia foram convidados a fazer um voo experimental em um avião. Depois de se acomodarem na aeronave, receberam a informação de que o avião havia sido construído por alunos deles.

A reação foi imediata: quase todos se levantaram rapidamente e correram para fora da máquina, em pânico. Somente um professor permaneceu sereno e sentado. Quando o questionarem sobre o motivo de tanta calma, ele explicou:

— Sei da capacidade dos meus alunos. Se foram eles que construíram este avião, tenho certeza que esta "joça" não vai nem dar partida!".

Brincadeiras à parte, a verdade é que "confiança é tudo!"

Em quê ocasião uma empresa se torna especial? Quando, de fato, conquista a confiança do consumidor. Quando o cliente "compra" quem o atende como sendo "um vendedor confiável", é, na maioria das vezes, esse profissional que irá procurar para efetivar a compra, por isso é muito importante, ao longo da sua carreira, construir bons relacionamentos e cuidar muito bem deles. Em seguida, compartilho outra história da minha vida, que se parece com aquela do gênio da lâmpada, que surge e concede três desejos a quem o libertou da clausura. No meu caso, foram três números de telefone.

André Zem

Eu trabalhava em Jundiaí e tinha um cliente poderoso, que estava prestes a fechar um bom negócio. Ele disse que precisava pensar mais um pouco sobre o assunto e, então, nos sentamos no sofá e começamos a bater um papo.

Falei da minha história, contei que nasci em uma família humilde de Piracicaba e que venci diversas batalhas ao longo da minha jornada de empregos.

— Piracicaba? – Perguntou. Gosto muito da sua cidade e tenho alguns bons amigos por lá!

Ele mencionou, então, uma dupla sertaneja do município e eu logo puxei o celular e mostrei que tinha o telefone dos músicos. Ele citou também um radialista e fiz a mesma coisa. Por último, falou de um deputado e o meu ato se repetiu. Pessoas com quem ele tinha amizade eram meus amigos ou conhecidos.

Resultado: mesmo sem dizer com todas as letras, a expressão na face dele revelou o que pensava a meu respeito. Depois disso, o cliente adquiriu a confiança necessária para voltar à negociação comigo. Ele sentiu que eu era alguém mais próximo e fez uma compra enorme, muito acima do que pretendia inicialmente.

Alguns dias se passaram e um dos colaboradores deste meu cliente me disse que ele comentou o seguinte ao chegar à empresa: — Nunca alguém soube tirar dinheiro de mim com tanta classe como esse menino de Piracicaba!

A lição que ficou para mim, e que eu divido com você, é que quando se mostra que tem bons relacionamentos e valoriza cada um deles, o cliente sente que está lidando com uma pessoa confiável. Neste contexto, para fechar a venda é apenas questão de acertar os detalhes da negociação, portanto, esteja sempre empenhado em construir relacionamentos, porque isso lhe dará maiores possibilidades de sucesso.

5 verdades para se tornar um vendedor de sucesso

Quando se trata de "vender a si mesmo" para o cliente, existem algumas convicções fundamentais para o vendedor do meio varejista. Com base em ensinamentos do grande especialista em vendas Eduardo Botelho, deixo registrado aqui minha visão sobre "As 5 verdades para se tornar um vendedor de sucesso":

1-Eu tenho ótimos produtos

É primordial o vendedor acreditar nos produtos que oferece. Você compraria o que vende? Sente que a vida do cliente vai melhorar de alguma forma adquirindo o que você coloca à venda? Se não acreditar no que vende, nenhum esforço para efetivar uma venda dará resultado positivo.

2-Eu tenho ótimas propostas

O preço do produto que você comercializa precisa ser justo. Além disso, as condições de pagamento devem ser as melhores possíveis para o cliente. Há vendedores que não se convencem das vantagens da própria proposta, acham caro o que vendem e não acreditam estar favorecendo o consumidor. Com pensamentos assim, fica difícil negociar.

3-Eu trabalho numa ótima empresa

É perda de tempo não gostar do local onde trabalha. A carreira não flui. Quando isso ocorre, o profissional logo vai parar na "rádio peão", fazendo fofoca, falando mal da empresa e criando uma energia que não favorece as vendas.

4-Sou um ótimo profissional

Mesmo nos dias em que os clientes parecem fugir ou a situação financeira não anda "aquelas coisas", é necessário manter-se otimista. Qualquer profissional tem maus dias, o que não significa a perda da habilidade de vender. Acredite que você é excelente no que faz e continue aprimorando seus conhecimentos sempre.

5-Tenho ótimos clientes

Quando o vendedor não valoriza ou não acredita nos clientes, gera uma energia que frequentemente leva à perda da venda. É essencial crer nos consumidores, transformá-los em amigos e respeitar o que desejam encontrar em sua loja. Cada um tem as próprias razões para comprar ou não no seu estabelecimento comercial e entender isso é muito importante, portanto, use a melhor estratégia para agradar o comprador e nunca se esqueça de atender com o coração.

Para ser um vendedor de sucesso é fundamental ter consigo estas cinco verdades, pois só assim poderá mostrar uma postura forte e sincera o suficiente para que o cliente "compre você" e compre o seu produto. Caso não esteja convencido de qualquer uma delas, é melhor repensar suas atitudes.

Invista em um atendimento espetacular

Explore as possibilidades, invista em um atendimento espetacular e certamente não se arrependerá. Quando há um espetáculo de atendimento, a venda acontece para sete em cada dez pessoas. Pude constatar isso durante a minha carreira, na prática. Com um atendimento classificado como "normal", aquele que todo mundo faz, você divide o cliente com o concorrente, pois não o encanta, e ele vai comprar com quem oferecer menor preço, sem pensar no quanto o relacionamento com o vendedor também é fator preponderante para, de fato, investir em um produto.

Talvez você questione: "Vendi produtos de prestígio e com muito valor agregado a minha vida inteira, mas não me tornei um vendedor de sucesso. O que será que aconteceu comigo?" Eu posso imaginar. Faltou fazer um atendimento de forma espetacular, conquistar o cliente, porque quando você coloca paixão na vida ela lhe devolve todo o amor em dobro.

De novo cabe o alerta: tudo na medida certa! É preciso ter cuidado com suas atitudes diante do cliente. Não o assuste com entusiasmo em demasia. Não deixe o consumidor constrangido com elogios excessivos, porque isso pode aparentar bajulação e ele certamente vai pensar que você fala as mesmas coisas para todo mundo ou que está apenas querendo agradá-lo para que compre o quanto antes. Os únicos elogios válidos são aqueles ditos sem "segundas intenções".

NUNCA MAIS PERCA UMA VENDA EM HIPÓTESE NENHUMA

A pessoa que vai a uma loja espera um atendimento especial, feito com paixão e legítimo interesse, por parte do vendedor, em satisfazer a necessidade dela. Quer ter uma ideia de como o atendimento apaixonado e respeitoso é importante? Vamos a ele.

Eu me orgulho em dizer que tenho "alarme" interno para detectar programa furado, mas, às vezes, ele não funciona. Uma das ocasiões em que falhou foi quando recebi um convite para ir, num sábado, em um *food truck,* aqueles caminhões-restaurantes, em uma rua do bairro São Dimas, em Piracicaba.

Chegando lá, senti que a "coisa" era fina. O cardápio era o auge da ostentação. A carne de um simples hambúrguer constava no menu como uma "mistura de angus e outras espécies de primeira qualidade". O bacon era feito artesanalmente e representava uma tradição de família. O pão era "especial", claro. "Chique no úrtimo, benhê!"

Só havia dois tipos de hambúrguer, então ficou fácil escolher qual comer. Depois de decidir o que experimentar, era preciso fazer o pagamento e passar o nome para a atendente, que anotava em um papelzinho e colocava ao lado do chapeiro. Quando o lanche ficava pronto, o cliente era chamado pelo nome. Após um bom tempo de espera, comecei a estranhar a demora a ouvir meu nome. Percebi que algumas pessoas que chegaram depois de mim já estavam comendo. Diante disso, fui questionar a moça que me atendeu e ela disse:

— Nossa, seu papelzinho voou!

Meu nome foi, literalmente, para o asfalto. Ok, acontece, mas aquela situação precisava ser consertada. Então, eu disse:

— Tudo bem, mas agora, por favor, deixe meu nome na frente, como prioridade.

A resposta da moça foi surpreendente:

— Ah, mas eu não posso deixar as pessoas esperando!

Como não, se eu esperei aquele tempo todo? Nem cheguei a utilizar a teoria do "no quê esse povo é mais importante que eu?". Apenas queria o que era meu por direito:

— Bom, se você não pode fazer isso para mim, eu posso desistir e pedir meu dinheiro de volta?

Ela respondeu secamente:

— Tudo bem, fique à vontade!

Recebi o que havia pago e fui embora.

Adianta oferecer uma carne de qualidade, como estava escrito no menu, se o atendimento deixa a desejar? Cadê a excelência? O vento levou! Não se esqueça de que ter um ótimo produto e ser um ótimo profissional integram a lista das cinco verdades para se tornar um vendedor de sucesso.

NUNCA MAIS PERCA UMA VENDA EM HIPÓTESE NENHUMA

Com tantas opções no mercado, se o cliente escolher a sua loja, escolher comprar com você, não há outra maneira de recebê-lo senão com um sorriso. Mostre o quanto te faz feliz a presença dele no seu estabelecimento. Receba-o com atenção e gentileza. Faça com que o consumidor se sinta em casa.

Não basta estar de corpo presente no atendimento ao cliente. Você precisa pôr a sua alma nisso. Há diferença entre receber o cliente e perceber o cliente. Recebê-lo na loja dá até para ser feito de forma quase automática, sem muito envolvimento, mas percebê-lo significa valorizar a presença.

Se o cliente não for percebido devidamente, ele não sentirá que foi bem recebido e a negociação não se desenvolverá de maneira positiva. Muitas vendas são fadadas ao fracasso ainda na abordagem ao cliente.

Nunca é demais falar sobre a importância de um sorriso. Se você entra em uma casa e os moradores dela demonstram alegria pela sua chegada, tudo melhora! Isso também vale para os estabelecimentos comerciais. É fundamental que o sorriso esteja constantemente na face dos vendedores.

Quem é que não se sente confortável em um ambiente repleto de riso fácil? Aliás, por que um cliente se sentiria estimulado a comprar em um local onde não há demonstração de contentamento com a presença dele? Mostrar-se bem-humorado pode mudar situações embaraçosas e proporcionar momentos de pura satisfação.

Eu sei que a vida não é fácil e que as coisas pioram muito quando uma crise ronda os negócios. Sei que tem horas em que o desânimo é inevitável e que o sorriso acaba se tornando algo forçado, mas é imprescindível demonstrar ao cliente a felicidade em recebê-lo.

Quando você for falar com o consumidor, lembre-se daquela chamada da gravação de um filme: "Luz, câmera, ação!". Entre em cena para ser aplaudido em pé com o espetáculo de atendimento que irá realizar. Não importam quais são as dificuldades, você tem de apresentar soluções para atender bem o cliente. Seja um profissional do tipo "canivete suíço", que tem todas as ferramentas necessárias para fazer um trabalho otimizado e eficiente.

Em qualquer área no mundo dos negócios, principalmente na de vendas, gente mal-humorada não progride. O problema é que a maioria das pessoas parece esquecer isso. Em pesquisa recente da Shopper Experience, empresa conceituada em avaliações de opinião pública, foram analisadas as formas como os vendedores do mundo todo recebiam os clientes. O Brasil ficou em 15º lugar, uma posição, digamos que, bem mediana. Sabe quem ficou em primeiro lugar? A Irlanda, país que acolhe muitos brasileiros. O mais interessante é que, por conta desta animação demonstrada nas recepções, os irlandeses ficaram conhecidos como "os brasileiros da Europa". Será, então, que eles estão sendo mais brasileiros que os nativos da nação verde e amarela? Está certo que a simpatia de quem nasce no Brasil é inconfundível, mas algo ainda está faltando. O que seria? Talvez um pouco mais de motivação? Foque em criar um relacionamento profissional, no qual a amizade impere. O sorriso, neste caso, será espontâneo.

Descarte todos os atendimentos automáticos

No dia a dia do comércio varejista, já passei por várias experiências e encontrei casos de arrepiar. No quesito postura do profissional de vendas, já tive surpresas bem desagradáveis. Em certas ocasiões, me questionei como seria possível o vendedor não enxergar uma atitude errada que estava nítida.

Uma vez, fui prestar consultoria para uma loja de carros seminovos. Ao adentrar o local, uma campainha sinalizou a minha chegada. Toda a equipe de vendas estava sentada ao fundo do estabelecimento, com o celular na mão. Fiquei indignado ao ser recebido sem nenhum calor humano. Pensei: se querem vender assim, que fechem o ponto físico e virem uma empresa de telemarketing!

Até alguém notar a minha presença, eu já estava no meio da loja. Nestas situações fica claro que o momento mágico da venda, que é surpreender o cliente com um belo e sincero sorriso, foi perdido.

Se a primeira impressão que o cliente tem é a de que os atendentes da loja têm algo mais importante a fazer que recebê-lo na porta do ponto comercial, então, o que esperar depois?

Qual é a primeira impressão que o cliente tem ao entrar na sua loja?

Claro que "atender" com uma campainha ou fechaduras elétricas – aquelas em que só se escuta o barulhinho de passagem liberada – é um erro grave e grosseiro. O vendedor tem de estar de prontidão, com sorriso nos lábios, para receber o cliente, que certamente ficará grato pela atenção dispensada a ele e se sentirá mais confortável para comprar.

Conquiste o coração do cliente

Mais que se comunicar com o cliente é preciso se conectar a ele. O vendedor deve se dirigir ao coração do consumidor. Caso contrário, todo o esforço para vender será desperdiçado.

O poder do "Eu te conheço"

Nunca subestime o poder da frase "eu te conheço!". Em uma negociação, dizer "eu te conheço!" para o cliente é poderoso, solta todas as amarras. Aquele clima tenso, de incerteza, de desconfiança entre vendedor e cliente — algo bastante natural no início de uma venda — de repente desaparece e a conversa se abre e flui.

O "eu te conheço!", falado de uma forma clara, confiante e verdadeira, tem o poder de abrir portas e criar uma interação entre as pessoas que pode se estender para muito além da venda em si.

André Zem

Lembro-me de certo dia em que um cliente estava em minha loja, negociando com um colaborador a compra de alguns móveis planejados. Já era a etapa final do processo, e então fui falar com ele, como faço normalmente — sempre procuro colaborar com os clientes, buscando entender suas reais necessidades, viabilizar as formas de pagamento que melhor os atendem e para ajudá-los a ficarem mais satisfeitos com a decisão que vierem a tomar.

Quando prestei atenção nele, me veio de imediato lembranças da época da minha infância, lá pelos 10 anos de idade, quando eu estudava na Francisca Elisa da Silva, uma escola estadual de primeiro grau que existe até hoje no bairro Jardim Monumento, em Piracicaba. Na ocasião, eu disse claramente para ele: "Eu conheço você dos tempos da escola! Nós estudamos juntos!".

Assim que falei isso, o cliente, que geralmente fica na defensiva nessa parte final da venda, mudou completamente. Um sorriso grande apareceu em seus lábios, iluminando seu rosto, e uma interação pessoal e autêntica surgiu. Ele confirmou que também se lembrava de mim dos tempos em que havíamos estudado juntos e disse até que acompanhava minha carreira como palestrante. Ou seja, a mesma sensação boa que ele sentiu ao ser reconhecido aconteceu comigo, que me senti recompensado. Esse tipo de conexão cria interação de forma verdadeira, sem forçar a barra, sem rodeios.

Passados quase 30 anos, começamos a relembrar os momentos bons e ruins que vivemos, as travessuras e descobertas daquela etapa da vida, em que passamos boa parte juntos.

Descobri então que esse meu amigo estava em uma boa situação financeira, era casado, mas ainda não tinha filhos, trabalhava como gerente comercial e estava montando uma casa em um condomínio fechado — por isso recorreu aos móveis planejados.

Logo ele disse as palavras mágicas: "negócio fechado!" E fiquei ainda mais satisfeito em saber que, além de ter uma ligação com ele no passado, eu iria poder participar também do seu futuro, com a minha marca presente em seu novo lar.

A frase "eu te conheço!" é mesmo poderosa, mas tome muito cuidado. Só fale isso se tiver mesmo certeza de que conhece a pessoa. Porque se você estiver "enrolando", inventando uma proximidade com o cliente só para criar intimidade e realizar a venda, a pessoa irá perceber e se sentir ofendida, usada por você.

André Zem

Outro ponto importante é utilizar essas palavras sempre de modo bem afirmativo, sem deixar dúvida, para ficar claro que você se lembrou mesmo da pessoa. Se disser algo como "será que não te conheço de algum lugar?", vai gerar dúvidas e parecer que você quer se aproximar do cliente somente com a intenção de vender. Pior ainda seria dizer algo como "eu me lembro de você, mas não sei de onde", pois isso vai deixar a pessoa em uma saia-justa, sem saber o que dizer e se sentindo menosprezada, porque você nem ao menos se lembrou direito dela.

Se ainda não conhece a pessoa, é claro que, e por isso mesmo, não deve usar a frase "eu te conheço!", você sempre pode criar uma aproximação com ela em qualquer situação. Simplesmente mostre um interesse legítimo por essa pessoa, vá além do seu propósito comercial e olhe para o cliente como uma pessoa comum que ele é. Com toda certeza, você vai descobrir muitos pontos agradáveis nesse cliente, sobre os quais vocês poderão conversar e criar uma boa aproximação.

Pergunte sobre o que ele faz, sobre a família, do que ele gosta, e passe a conhecê-lo melhor. O seu interesse pelo cliente vai fazer com que ele se sinta valorizado e fique mais à vontade para falar e comprar com você. Além de facilitar as negociações, em um próximo encontro com aquela pessoa você já poderá afirmar, sem sombra de dúvida, "eu te conheço!".

Uma das grandes verdades que aprendi nesse mundo das vendas é que essa profissão nos permite ter muitas sensações boas, vindas das oportunidades de nos relacionarmos com as pessoas. Basta estarmos abertos para que as relações aconteçam e demonstrar interesse legítimo pelos clientes.

Atualmente, por conta do fácil acesso a informações de qualquer natureza, devido, sobretudo, à internet, o cliente está bem mais ciente do que quer e como quer. Ele não deseja apenas preço baixo. Claro que a questão financeira pesa na hora da escolha, entretanto, o que o consumidor mais almeja é uma boa experiência de compra. Cliente quer ter a certeza de que o vendedor está interessado em ajudá-lo e não somente pensando no lucro que pode obter com a venda.

O atendimento com o coração é o que evidencia a diferença destas duas situações. "Conheça todas as teorias, domine todas as técnicas, mas ao tocar uma alma humana seja apenas outra alma humana." A frase de Carl Jung, fundador da psicologia analítica, quer dizer, em outras palavras, que nada acontece se você não entrar em sintonia com o lado humano do consumidor.

Ao tocar uma alma humana, seja apenas outra alma humana.

Deixe claro ao cliente que se importa verdadeiramente com ele.

Certa vez, quando trabalhava em uma loja de móveis em Jundiaí, um dos meus clientes, chamado Pedro, estava num momento especial da vida: havia, enfim, comprado um apartamento para a família e agora decorava o imóvel detalhadamente. É claro que essa era uma atividade que merecia cuidado e muito esmero, e estava sendo tratada por mim e minha equipe com o pertinente carinho e importância. Em conversa com a esposa de Pedro, descobri que a data de conquista da moradia tinha ainda outro fator significativo: era aniversário dele. Logo vi que isso não poderia passar em branco! Junto dos meus funcionários, preparei toda a festa para o casal, com bolo, docinhos, bexigas e chapeuzinhos. Assim que Pedro chegou à loja, lancei a isca:

— Rapaz, consegui achar aquela poltrona que você queria! Está lá nos fundos.

NUNCA MAIS PERCA UMA VENDA EM HIPÓTESE NENHUMA

Pedro me acompanhou, entramos na sala e o coro começou: — "Parabéns pra você, nesta data querida...".

Ele ficou muito emocionado. Deu gosto de ver. Foi uma atitude simples, mas o resultado valeu a pena.

O nome disso é tocar o coração do consumidor. Cliente satisfeito volta para comprar mais e ainda se torna um excelente vendedor, indicando você aos amigos dele.

A propósito desta nossa conversa, Philip Kotler, um dos maiores gurus americanos da área de marketing, disse que não basta simplesmente ter clientes, é preciso encantá-los. Um atendimento especial será, portanto, sempre memorável.

"Não basta simplesmente ter clientes, é preciso encantá-los."

Faça o cliente amar o que você vende

De "carona" no tópico anterior, a dica é: faça o consumidor amar o que você vende, mas não descuide de como o atende. Para fazer com que outros amem o seu produto ou serviço é necessário, primeiro, que você mesmo seja um apaixonado pelo que oferece.

"Acreditar naquilo que você vende é metade do caminho para o sucesso em vendas". Foi o que me disse um empresário amigo meu, que relatou ter aprendido isso a duras penas.

André Zem

ACREDITAR NAQUILO QUE VOCÊ **VENDE** É METADE DO CAMINHO PARA O **SUCESSO EM VENDAS**.

Bem-sucedido na profissão que tem há anos, ele deu uma "escorregada" no mundo dos negócios quando decidiu investir em uma área com a qual não estava nada familiarizado. O resultado, infelizmente, foi a perda de uns bons milhares de reais.

Ele comprou uma loja de móveis e decorações que trabalhava com os melhores fornecedores do país. A localização do estabelecimento era privilegiada, na avenida mais charmosa e movimentada da cidade. Todos os indicativos eram de que o empreendimento iria dar certo, mas... não. Não deu certo. Foi um fracasso que durou apenas três meses. E, claro, deixou um prejuízo marcante para o bolso do investidor.

O interessante é que esse meu amigo empresário não perde o bom humor e não se intimida com a autocrítica. Ele reconheceu que errou por não ter se preparado o suficiente para assumir o novo comércio. Além de não entender nada sobre móveis, não fez pesquisas de mercado e nem se informou sobre o negócio.

"Eu achava que o que eu vendia era caro demais. E, sinceramente, pensava que eu mesmo não iria comprar!" – admitiu durante nossa conversa. Isso merece total atenção! Se o próprio dono do negócio não tem vontade de comprar o que vende, como é que vai convencer outros a comprarem?

Não tenha dúvida: clientes são espertos e percebem quando o vendedor ama ou não o que está oferecendo. É imprescindível que, antes de tudo, o produto seja comprado mentalmente pelo profissional de vendas, pois só assim ele vai conseguir vendê-lo a outras pessoas.

"Se você não acreditar, nada acontece. Esse é o ponto básico, o começo de tudo", disse o meu amigo, com conhecimento de causa. Sim, ele aprendeu a lição.

Fica muito difícil convencer alguém sobre uma ideia sua se nem mesmo você acredita nas palavras que profere. Vender um produto não é e nem deve ser apenas uma maneira de ganhar dinheiro. Aliás, o dinheiro é a consequência de um serviço bem feito.

Acreditar no que vende torna o ato de vender prazeroso, transformando o atendimento ao cliente em uma conversa entre amigos, na qual um indica o que há de melhor ao outro. Amigo que é amigo faz isso!

André Zem

Ofereça gratificação ao seu cliente

Creio que já tenha entendido o quanto atender bem o consumidor é fundamental para concluir uma venda, mas só isso não basta. Dá para fazer mais e é necessário fazer mais, como oferecer gratificações. O consumidor precisa se sentir rei dentro da sua loja.

Certa vez, um cliente estava fechando uma grande compra comigo, embora tivesse recebido um orçamento menor do meu concorrente. Ele preferiu prestigiar o produto que eu vendia e eu senti que precisava recompensá-lo por isso.

Após concluída a venda, com os dois lados felizes, ofereci a ele, como brinde, uma linda cafeteira de cápsula e disse: – Este é um presente meu, por você ter escolhido comprar conosco.

Foi incrível ver como ele ficou emocionado! Aquele mimo fez grande diferença na satisfação do cliente.

O empresário precisa entender a necessidade de valorizar o consumidor. Para isso, é fundamental deixar a mesquinharia de lado e abrir mão do pensamento pequeno. Acho estranho, na atualidade, encontrar proprietários de lojas que acreditam não ser importante fazer um agrado ao cliente. Quem é que não gosta de ser agradado? Presentear com uma agenda ou qualquer outro brinde de qualidade pode proporcionar retornos imensuráveis.

NUNCA MAIS PERCA UMA VENDA EM HIPÓTESE NENHUMA

É necessário dar um presente ao consumidor a cada compra que ele realiza na sua loja, afinal, não escolheu o concorrente. Faço isso há duas décadas e, garanto, é um dos segredos do meu sucesso, mas existem dois pontos a destacar neste contexto.

1-Use a promessa do presente como parte da negociação, se necessário, e depois entregue ao cliente um brinde de qualidade e valor verdadeiro para ele.

2-Sempre dê o presente depois que o cliente já comprou, mesmo que você não tenha mencionado isso durante a negociação – assim o consumidor vai ficar muito mais emocionado e satisfeito.

Outra recomendação é oferecer brindes que, de algum modo, valorizem o produto comercializado. Se você, por exemplo, trabalha com vendas de móveis planejados, que têm bons valores de negócios, dê cafeteiras ou fritadeiras elétricas, adegas climatizadas, choperias. Se você trabalha com produtos de preços menores, escolha mimos pertinentes para o caso, mas jamais deixe de presentear o cliente pela compra que ele fez. Gratificação funciona como reconhecimento à preferência do consumidor e é algo do qual ele, certamente, se lembrará ao te indicar a demais pessoas.

André Zem

Gosto muito de comentar e usar como exemplos as experiências que tenho também do outro lado do balcão, isto é, quando eu sou o cliente. Muitas vezes, as atitudes dos vendedores que me atendem são excelentes, como na história a seguir.

Minha família e eu estávamos em Salvador (Bahia), no aeroporto Luís Eduardo Magalhães, comprando lembranças daquele lugar lindo para demais familiares e amigos. Para não perder a mania de pechinchar, perguntei ao vendedor:

— Não vai ter desconto? Estou escolhendo mais peças!

Ele respondeu:

— Aqui não tem desconto. O que o senhor pode é dividir sem juros no cartão de crédito!

De imediato, aquilo soou como algo inflexível, mas em seguida o vendedor me pediu para ficar tranquilo, porque ainda faria alguma coisa por mim.

Continuei comprando e, na hora de passar no caixa, voltei a questioná-lo sobre o desconto. Ele, então, anunciou a surpresa: — Aqui não tem desconto, mas vocês podem tirar fotos com a baiana!

De repente, a cortina que ficava ao fundo da loja se abriu, como em uma casa de shows, e surgiu uma mulher de saia branca rodada e turbante dourado na cabeça, toda enfeitada ao estilo baiana da região. Simpática, pegou minha sacola de presentes e se posicionou ao meu lado e dos meus familiares para várias fotos.

Fazer fotos com uma baiana em Salvador já faz parte da tradição. Todo mundo que visita o município tem "obrigatoriamente" de voltar para casa com uma foto com uma baiana totalmente caracterizada, senão, seria o mesmo que não ter ido à Bahia.

Esse ritual é tão importante que as baianas são muito concorridas, portanto, não pensam em preços "camaradas" para os cliques. Além disso, geralmente há filas enormes nos locais de fotos. Disponibilizar aquela baiana somente para a minha família foi um gesto bastante inteligente do vendedor, porque despertou sentimento de alegria em mim e nos que me acompanhavam, o que resultou em um momento inesquecível e isso não tem preço.

O que esta história simples nos ensina? Que o atendimento da empresa estava na linha do espetáculo e notava-se que os clientes ficavam muito satisfeitos, mesmo sem descontos nos preços dos produtos.

Trabalhar o atendimento como um diferencial e conseguir a satisfação do consumidor sem a prática do desconto é uma "cartada de mestre".

Preço é o que pagamos do produto ou serviço e valor é o que levamos da marca/empresa. Quando se agrega

André Zem

valor verdadeiro ao que está à venda, o preço perde grau de importância, por parte do consumidor, na negociação. Isso me traz à mente um caso que vivenciei em uma das lojas em que eu era gerente.

Notei que um dos profissionais da minha equipe estava com dificuldades para vender um fogão especial que tínhamos. Diante disso, resolvi observar, minuciosamente, o atendimento que ele fazia aos clientes que se interessavam pelo produto. O rapaz explicava direitinho o funcionamento do utensílio, mostrava todas as vantagens, falava com entusiasmo do forno especial acoplado, ensinava como fazer a limpeza diária e depois informava o preço e as condições de pagamento, mas nada de algum cliente comprar.

Chamei o vendedor do lado, perguntei o que estava acontecendo e ele respondeu que os clientes alegavam que na loja de um concorrente podiam encontrar o fogão mais barato. Eu tinha de mudar aquilo de alguma forma e me pus a pensar como.

No dia seguinte, apareci na loja com um enorme bolo, cheiroso e saboroso, e coloquei sobre aquele fogão do mostruário. Instrui meu funcionário para oferecer um pedaço da guloseima a todo cliente que perguntasse do aparelho doméstico. Na hora de entregar o prato com o quitute, ele deveria dizer "com este fogão, a senhora vai poder fazer bolos deliciosos como este e ainda muitos outros assados de dar água na boca". Na sequência, começaria a falar dos benefícios do produto. Importante ter em mente sempre: preço é o que pagamos e valor é o que levamos.

Resultado: os fogões começaram a ser vendidos sem que os clientes se lembrassem do preço mais baixo da concorrência. Daquele modo, eu não estava vendendo apenas o fogão (preço), mas a satisfação em preparar naquele utensílio de cozinha delícias para dividir com pessoas especiais (valor).

PREÇO É O QUE pagamos E VALOR É O QUE levamos.

É primordial entender as razões do consumidor para adquirir um produto, sem prejulgamentos ou "achismos", pois só assim vai chegar ao coração dele.

André Zem

O cliente quer algo novo, uma experiência única de compra, o que permite ao vendedor a melhor apresentação possível do produto que vende, como em uma noite de estreia de um show muito aguardado.

Para que tenha uma ideia clara do que estou falando, veja este caso, que serve como contraponto à história da baiana.

Certo dia, minha família estava em casa e eu fui comprar pizza para todos. Antes de fazer meu pedido, perguntei ao atendente da pizzaria se ele cortaria duas pizzas em 12 pedaços e se era possível prepará-las com três sabores.

Embora tenha respondido que era difícil, mas que daria um jeito, a expressão facial dele demonstrou que estava totalmente contrariado e que não sentia prazer em me ver ali. Eu, claro, perdi a empolgação em comprar no local.

O cliente precisa ver e sentir que você está tentando fazer o melhor por ele e, como já disse, a necessidade de gratificação ao consumidor é constante, sendo diversas as possibilidades para tornar isso real. Deixe nítido que ficou feliz porque ele, entre tantas opções existentes no mercado, escolheu comprar com você. Atenda-o bem, presenteie-o e garanta a volta dele ao seu estabelecimento.

NUNCA MAIS PERCA UMA VENDA EM HIPÓTESE NENHUMA

176

Gratificação constante. **ESSA É A MELHOR FERRAMENTA PARA** conquistar clientes.

CONCENTRE SUA ENERGIA NA VENDA

Costumo dizer que venda é energia, aliás, o dia a dia, seja em que aspecto for, requer de nós vivacidade. Se você é um profissional da área de vendas, então sua energia tem de estar focada em vender, senão, não funciona, não dá resultado.

Existem vendedores que não são capazes de vender um frango para quem tem fome. Nestes, é necessário colocar certa pressão, caso contrário, todo esforço será inútil.

Uma vez, comecei a observar o trabalho de uma vendedora que parecia se dar muito bem com qualquer um que entrasse na loja, porém, ela não tinha resultados reais nas vendas. Os clientes chegavam, a cumprimentavam, trocavam sorrisos, mas iam tratar de negócios com outro vendedor. Era muito estranho.

Eu me incomodava também ao ver que, com o cliente prestes a fechar negócio, ela mudava o rumo da conversa. O consumidor queria saber quanto ficaria cada prestação e ela, do nada, passava a perguntar da família dele, por exemplo.

Lembro-me que naqueles dias estávamos "bombando" com uma promoção. Haviam sido vendidas mais de 100 camas-box em 40 dias. Para um profissional de vendas, aquela era uma grande oportunidade para vender muito, mas não é que a moça conseguiu desperdiçar várias oportunidades? Em um dos atendimentos dela, ouvi o cliente argumentando que em outra loja encontrou o mesmo produto pelo mesmo preço, entretanto, com dois travesseiros de brinde. Ela simplesmente engoliu em seco o que escutou, não buscou modos para tentar sugerir uma proposta melhor e o consumidor, então, foi embora.

A vendedora estava com a "faca e o queijo na mão" e perdeu a venda. Tem gente que tem todas as possibilidades para desempenhar um excelente trabalho, mas não reconhece isso, acaba se prejudicando e afetando também a equipe.

Ela poderia ter dito muita coisa ao cliente, como que estava surpresa com o fato, que em 40 dias mais de 100 pessoas preferiram a nossa oferta, que nossos serviços de montagem eram superiores... Mas, não. Ela não disse nada!

Na época, precisei ser duro. O que me incomodou foi a falta de gás na venda, a falta de energia focada. Era necessário que recuperasse o ritmo. Colaboradores como ela podem "contaminar" os outros profissionais do time, o que é muito comum no ramo do comércio. É preciso agir para que isso não aconteça.

André Zem

No dia seguinte, ela parecia um tanto melancólica. Disse que estava com problemas emocionais e financeiros. Sugeri que fizesse um treinamento de vendas e até me propus a atuar como orientador, mas não houve melhora. Alguns dias depois, acabou saindo da empresa.

A verdade é que aquela funcionária nunca colocou no atendimento ao cliente a energia suficiente para tal atividade. Ela era "muito barulho de prato para pouca comida" e deu no que deu.

Trabalhar com energia e aplicá-la no momento certo é extremamente importante para obter resultados positivos, mesmo diante de comportamentos e costumes que emperram qualquer tipo de venda, como o de colocar rótulo em cliente.

Aquela pessoa, por exemplo, que entra na loja, olha, pesquisa preço, faz perguntas, mas nunca leva nada é chamada pelos profissionais do varejo como "cliente-caroço".

Os vendedores conseguem identificar quem, na visão deles, "merece" esse apelido, mas há de se deixar claro que rotular um cliente de maneira negativa é uma forma de desperdiçar a própria energia, já que isso não muda a situação.

Quando um "caroço" chega ao estabelecimento comercial, costuma acontecer uma reação em cadeia. Alguns vendedores fingem que não o veem e outros fazem cara de paisagem, como se não estivessem ali. Tudo para não "perder tempo" com ele.

Houve uma ocasião em que eu estava dando consultoria em uma empresa de varejo e notei que um vendedor que havia acabado de ser contratado foi atender o tal do "caroço", só que sem saber da fama do cliente. O profissional recebeu o consumidor e deu aquele atendimento que chamo de "Classe A". Resultado: diante dos olhares arregalados e dos queixos caídos dos demais integrantes da equipe, o novato vendeu para o "caroço" uma sala de jantar, com aparador e sofá em curva, que rendeu um bom lucro para a loja e uma ótima comissão para ele.

Não existe cliente impossível. Com boa energia e vontade você consegue vender para qualquer pessoa. O ideal é evitar que todos os colaboradores da sua empresa sejam contaminados pelos vícios inevitáveis em qualquer profissão, porque o consumidor deve ser atendido sem preconceito.

Por mais que um cliente tenha ficado com o estigma de só "tomar tempo do vendedor", acredito que um profissional de vendas com a energia certa e, claro, dedicação pode fazê-lo sair da loja somente depois de adquirir algo.

Acreditar no potencial do consumidor é essencial para ter sucesso nas negociações. Ao vendedor cabe despertar o interesse de compra. A preguiça não pode prevalecer. Há de se investir energia no "cliente-caroço" até que ele vire lucro para a empresa.

André Zem

Supere o medo da rejeição e do fracasso

O rotineiro mecanismo da profissão de vendedor pode, por vezes, levar à desmotivação. Lidar com pessoas não é tão simples e há fases em que tudo parece conspirar contra, com os clientes, de repente, escapando das mãos quando se acreditava que a venda já estava consolidada.

Pior é quando a perda de vendas provoca no profissional uma descendente tanto no trabalho quanto na vida pessoal, porque o medo da rejeição e do fracasso se instala e a desistência parece ser a única alternativa restante.

Fazendo uma analogia simples, é como acontecia naqueles antigos bailes, em que apenas os rapazes tiravam as moças para dançar. De tanto ouvir "não", podia ocorrer de algum homem ficar no canto, escondido e "enchendo a cara", sem se arriscar levar outro fora.

Há vendedores que têm tanto medo de não conseguir vender que parecem crianças assustadas diante de um monstro. Hoje, os clientes estão muito mais bem informados e exigentes, fazem várias cotações, pesquisam produtos e procuram perfeição no atendimento. O vendedor que não se atualiza tende a se sentir incapaz de corresponder às expectativas do consumidor, desistindo de descobrir novos jeitos de agir para melhorar o desempenho no trabalho.

Vendedores proativos, por outro lado, são aqueles que "tiram o cliente para dançar" sem receios. Eles sabem que podem levar um fora na primeira tentativa, mas continuam tentando até ouvirem o "sim, vou comprar este produto". Oportunidades ideais não surgem do nada. É preciso criá-las.

Os vendedores proativos são aqueles que "tiram o cliente para dançar"

Use a motivação para construir seu sucesso

A motivação é a chave para o sucesso. Vejo a motivação como a união de duas palavras: motivo e ação, portanto, criam-se motivos para agir. É desse jeito que a gente sai do marasmo, da zona de conforto, do lugar comum e de tudo que emperra nosso crescimento na profissão.

Mas a motivação basta para se dar bem? Nem sempre. Às vezes, um incompetente adquire motivação e preserva a incompetência, o que é perigoso, porque força sem direção não pode resultar em algo bom. Cuidado com o que você usa para se motivar. Tenha motivos válidos e objetivos que valham a pena buscar.

Falando em motivação, costumo perguntar aos profissionais que oriento:

— O vendedor motivado vende?

— Claro que sim. É o que ouço geralmente.

— E o desmotivado, vende? Questiono e lá se vão horas pensando, sem chegar a uma conclusão.

A minha resposta é a seguinte: – O vendedor desmotivado não vende. Quando muito, ele "sofre uma compra". Isso, mesmo! Às vezes, o cliente está com tanta necessidade de levar o produto para casa que o vendedor nem precisa atendê-lo como deveria, que ele compra do mesmo jeito.

E você, vende ou "sofre a compra"? Pense sobre isso e avalie seu desempenho. Está insatisfeito com seus resultados? Então, identifique quais atitudes suas precisam de mudanças.

Você é do grupo que vende ou daquele que "sofre a compra"?

Motivação é item básico para um negócio dar certo, mas é impossível transmiti-la a alguém. É algo que não se transfere tão facilmente. Um vendedor desmotivado precisa querer voltar a ter vontade de vender sempre e cada vez mais. Todas as pessoas têm diferentes experiências ao longo do dia, têm vida fora do trabalho, problemas familiares, físicos, emocionais, espirituais e financeiros. Achar que essas áreas não interferem no desempenho profissional é um erro. Essa questão é bastante complexa e exige atenção tanto do vendedor quanto do líder de equipe.

Na música "Me dê motivo", composta por Michael Sullivan e Paulo Massadas e conhecida na voz do genial Tim Maia, o cantor pede motivos para ir embora porque previa o momento em que ia perder a amada.

Trazendo a canção para o mundo das vendas, quando vejo uma pessoa que parece não acreditar mais no que faz, não digo a ela motivos para ir embora. Prefiro fazer o contrário. Peço para que me fale porque deve ficar, na tentativa de ajudá-la a reencontrar a autoestima, enfim, se superar. Os desmotivados precisam, tão somente, de motivação.

Estar motivado não é apenas ter uma postura animada ou contar piadas, cantar e rir na maior parte do tempo. Claro que isso tudo é importante, entretanto, motivação é algo mais profundo. É preciso paciência e persistência para encontrar em si uma brecha para conseguir visualizar que existe algo maior fora daquela opressão interna que aflige um desmotivado.

Neste ponto, considero válido listar algumas características da motivação, esse sentimento imprescindível à vida, para que você possa se posicionar melhor no seu dia a dia:

André Zem

Motivação é interna e pode ser afetada - A motivação está dentro de cada um e pode mudar por conta de diferentes fatores. Não dá para taxar como frescura o fato de um funcionário ficar abalado porque está se separando ou tem uma conta que não consegue pagar. As situações do dia a dia afetam, sim, a motivação das pessoas. O que muda de um indivíduo para o outro é a porcentagem de influência da desmotivação nas atividades a serem realizadas. Acredite em si mesmo. Você pode!

Motivação é palpável - Aquele funcionário que vive rindo nem sempre é motivado. Ele pode ser animado apenas de modo superficial. Motivação é algo concreto, se exprime, sim, em resultados palpáveis, como no cumprimento das metas assumidas. Não basta ser simpático com o consumidor. É preciso usar a motivação para que o cliente se sinta confiante em entregar o sonho que tem às mãos dos profissionais que podem torná-lo real.

Motivação é sintonia - Quando existe motivação por parte da empresa e do empregado, é como um casamento bem-sucedido, daqueles que duram mesmo diante de todos os contratempos. O amor não é um "mar de rosas" em sua totalidade e não seria diferente no mundo dos negócios. É necessário união/parceria/cumplicidade para enfrentar altos e baixos. É preciso que a cultura de trabalho de cada profissional esteja alinhada à cultura da empresa. Nem sempre a motivação do funcionário está em sintonia com a do líder da equipe. Isto é um problema e o grande desafio dos gestores é fazer com que as motivações de ambos caminhem juntas. Quando o colaborador está envolvido e feliz com a empresa e há reciprocidade nisso, a tendência é que todos cresçam.

Motivação é aprimoramento – Há uma grande diferença entre pensar que vai resolver todos os problemas num piscar de olhos e querer fazer o certo com conhecimento de causa. É preciso se aprimorar constantemente, estudar, pesquisar, analisar cada situação para, de fato, chegar a uma solução, sem paliativos. Atualize-se sobre a profissão que escolheu, seja proativo. Quem busca informação evita a acomodação.

Motivação é consequência – É simples. Motivação gera bons resultados, que geram motivação, que geram mais resultados positivos e assim sucessivamente. Vender bem envolve treinamento e prática. Você persegue os resultados e a motivação vem como benefício e propulsão para alcançar maiores objetivos.

Motivação é esforço - Começar uma corrida é fácil, mas nem todos conseguem terminá-la. Na virada do ano para 2016, tive a felicidade de completar a minha segunda Corrida de São Silvestre. Entre o início e o fim, há o desafiante meio. Da partida à chegada na avenida Paulista, você vê muita gente incentivando, gritando seu nome, aplaudindo. O alto astral da multidão que se aglomera para assistir os atletas amadores e profissionais estimula cada passada. Não dá para desistir, entretanto, sem empenho, determinação e força não se consegue concluir a prova. É assim também no meio profissional. Só alcança a premiação quem não para no meio do trajeto. Antes de participar da São Silvestre, assistia à transmissão da corrida na TV, sentado na confortável poltrona da sala. Eu era um sedentário por convicção. Não fazia nenhum exercício físico -, no máximo andava pela loja -, mas me motivei para mudar isso. Comecei aos poucos, com leves caminhadas, e hoje tenho orgulho das minhas duas medalhas de participação na competição. Elas são as agradáveis recompensas do meu esforço.

Motivação é arriscar – Que é melhor trabalhar com o que se gosta ninguém duvida, mas isso nem sempre acontece e o jeito é arriscar e "pegar o que pintar", descobrindo, inclusive, a satisfação em algo novo. Temer desafios é humanamente compreensível, mas, acredite, impede seu progresso. Desafios surgem para impulsionar. Mesmo que você erre, aprenderá alguma coisa. Experimente o inesperado e surpreenda-se.

Motivação é foco - Está desanimado? O chefe pegou no seu pé? O colega de trabalho parece invejoso? O dia está duro demais e a vontade de jogar tudo para o alto parece grande? Contenha-se! Mantenha o foco no seu alvo. Não estrague o futuro por causa de uma bobagem passageira. Não gaste energia com o que não vale a pena.

Motivação é comemorar - Sua meta é ter uma carreira bem-sucedida? Maravilha! Só não esqueça que isso não acontece de uma hora para a outra e que comemorar as inúmeras pequenas conquistas ao longo da jornada é importante para manter-se firme em busca do objetivo maior. Uma venda que você não esperava, um agrado do cliente, um elogio do chefe... tudo isso merece ser celebrado. Quando as conquistas são comemoradas e compartilhadas com os demais integrantes da equipe de trabalho, o vínculo entre todos se fortalece, o que gera sintonia e, consequentemente, um melhor ambiente corporativo.

Motivação é planejamento e comprometimento – Planejamento é essencial para se chegar onde deseja. Após estabelecer sua meta, veja quais ações são necessárias para atingi-la. Com organização, o tempo pode ser mais bem aproveitado. Planejar é exercício para o dia a dia. Não adianta fazer tudo aos "trancos e barrancos" ou aos "45 minutos do segundo tempo". O jogo começa antes, bem antes, e preparar-se é o primeiro passo a ser dado. Tem funcionário que quer "abraçar o mundo", mas isso não é possível. Não prometa o que não pode cumprir, porque a frustração é inevitável, a motivação vai para "o ralo" e o fracasso bate à porta, geralmente. Comprometa-se com o que, de fato, sabe que vai dar conta dentro do prazo estabelecido. Caso contrário, seu desempenho no trabalho será prejudicado por conta da preocupação com aquilo que não conseguiu concluir.

Motivação é pausar - Intervalos não apenas são bem-vindos, mas fundamentais para o desenvolvimento sadio do trabalho. Funcionário que o tempo todo faz a mesma tarefa logo perde o foco, porque a atividade torna-se mecânica, o que condiciona a mente a pensar que a atenção na realização do serviço é dispensável. Respire!

Motivação é otimismo - Pare de usar as mídias sociais para reclamar da segunda-feira que se aproxima. Isso "queima seu filme", caso seu chefe tenha acesso à postagem. Não veja o retorno ao trabalho como uma ida à guerra. Creia, todos os dias, que hoje será melhor que ontem.

Motivação é independência - Mostre que sabe agir e resolver situações que aparentam não ter solução sem apelar aos gestores a todo instante. Mesmo que o chefe seja do tipo centralizador, ainda terá discernimento para identificar funcionário dependente demais.

A motivação é movida a sonhos. Quem tem um sonho precisa se mexer para realizá-lo, porque nada cai do céu. Por falar nisso, lembro-me de uma frase da música Bete Balanço (Cazuza), grande sucesso dos anos 1980. "Quem tem um sonho não dança" consta na composição. Esse "não dança" é no sentido de "quem tem um sonho não fracassa".

Vou compartilhar agora com você uma história bastante conhecida, de uma bailarina que "dançou" exatamente por não acreditar no próprio sonho. Ela não se motivou o suficiente para realizar o que queria.

André Zem

Idealista e extremamente esforçada, uma bailarina sonhava fazer parte de uma grande companhia de dança. Ela conseguiu, então, marcar um teste com um renomado professor de balé. Na audição, dançou como "se não houvesse amanhã". No final, exausta e confiante, perguntou ao mestre:

— Acha que eu posso ser uma grande bailarina?

— Não! – Ele respondeu secamente.

Com lágrimas nos olhos, ela voltou para casa e aquele "não" nunca deixou de ecoar na cabeça dela, portanto, desistiu de seguir carreira na área. Dez anos mais tarde, foi a uma apresentação de balé que era dirigida pelo mesmo mestre que lhe havia dito o seco "não". Ao término do espetáculo, ela o procurou e contou como aquela recusa havia doido e mudado a vida dela.

— Mas minha filha, eu digo não para todas as aspirantes!

— O senhor matou o meu sonho... Todo mundo dizia que eu tinha talento. Depois do seu "não", eu desisti de dançar.

— Desculpe, mas você jamais seria grande se foi capaz de abandonar o seu sonho logo ao ouvir o primeiro "não", respondeu o mestre.

Nas minhas palestras, sempre compartilho o seguinte texto, com o qual me identifico muito, e espero que faça dele uma inspiração para você:

NUNCA MAIS PERCA UMA VENDA EM HIPÓTESE NENHUMA

"Não deixe que a saudade o sufoque, que a rotina o acomode, que o medo o impeça de tentar. Desconfie do destino e acredite em você. Gaste mais horas realizando que sonhando, fazendo que planejando, vivendo do que esperando. Porque, embora quem quase morre esteja vivo, quem quase vive já morreu."
(Texto normalmente atribuído a Sarah Westphal).

Eleve sua autoestima

A autoestima é o que define a venda. Claro que no seu dia a dia como vendedor você provavelmente cuide da sua aparência física, tentando, por exemplo, se vestir adequadamente para o ambiente de trabalho, porém, tão importante quanto isso é ter sempre a autoestima. E o primeiro passo para tê-la é gostar do que faz. O cliente percebe quando o vendedor trabalha com prazer ou não, por isso, nada de desânimo se o dia não foi como esperava e evite se vangloriar caso tenha sido melhor que o previsto. Bexiga murcha não tem graça, mas estoura se encher demais.

André Zem

Medida certa

A energia que o profissional coloca na venda deve ser positiva e estimulante na medida certa. Sempre alerto minha equipe para ter cuidado com os "abafadores de panela". Conhece esse tipo de profissional? Sabe quando o vapor está saindo da panela e aparece alguém para tampar? É isso o que o "abafador" faz com o contentamento dos outros. Ele não deixa que o "aroma" da sua alegria se espalhe, não admite ficar por baixo de jeito nenhum e sempre encontra uma maneira de dizer que é melhor em tudo. Não entre neste jogo! Ignore-o.

A pior situação é quando o "abafador de panela" lida com o consumidor. Tudo o que o cliente afirma, ele rebate "por cima", para mostrar que é superior. O problema é que desta maneira está assassinando as próprias vendas, porque cliente nenhum gosta de se sentir humilhado ou desmerecido, aliás, existe alguém que gosta?

O profissional "negativo" é o oposto do "abafador", porque para ele tudo está sempre ruim. Com a negatividade, vai minando o ânimo da equipe e, é claro, dos clientes.

Outras "categorias" de vendedor são o raio e a chuva, sobre os quais explico na história em seguida.

Imagine que uma chuva está se formando. O "vendedor chuva" vai até a porta da loja e diz: — Que chuva abençoada! Que dia maravilhoso!

O vendedor raio, por sua vez, vem logo atrás, com outra perspectiva: — Nossa, que toró! Tá dando raio. Será que vai acabar a energia pra gente ir embora mais cedo?

Eu me pergunto: — Que raio de vendedor é este?

Conheci muitos profissionais assim, que tendem para o negativismo, independente do momento, o que é muito perigoso, porque, além de um vício, é uma crença limitante e, se a liderança permitir, contamina os demais colaboradores da empresa.

O escritor Augusto Cury cunhou um pensamento interessante sobre o assunto: — "Os perdedores veem os raios. Os vencedores veem a chuva e, com ela, a oportunidade de cultivar".

Vendedor raio fica o dia inteiro atrás de notícia ruim. Na pausa para um café, não perde a oportunidade de descobrir dificuldades novas do vizinho, para poder falar sobre elas também. Em resumo: ele não vende e ainda tira, em doses homeopáticas, toda a determinação e atitude positiva dos outros funcionários. Ele é a "laranja podre" da caixa e vai apodrecendo as demais.

Lembre-se: venda é energia. Se você é um profissional da área de vendas, então sua energia tem de ser positiva, na medida certa, de modo a estimular você a não só alcançar suas metas, mas também ultrapassá-las. Caso contrário, todo o seu esforço será em vão.

VENDA É ENERGIA E ESSA ENERGIA TEM DE SER *positiva!*

O BLÁ-BLÁ-BLÁ
QUE VENDE

Situações inusitadas surgem aos montes durante a negociação de uma venda e é preciso ter "jogo de cintura" para que nada de indesejado aconteça. Neste contexto, uma conversa criativa e improvisada é muito importante. Aquelas frases ditas por todos os vendedores podem ser úteis também, mas quando se sabe usá-las. Com atenção e estratégia é possível que tenham o efeito desejado.

Como você já percebeu, tenho muitas histórias da minha carreira de vendedor, mas agora vou contar uma que aprendi com o Alfredo Rocha, um dos maiores palestrantes brasileiros e o qual já tive o prazer de conhecer pessoalmente. Conto o caso com algumas adaptações feitas por mim, porém, sem perder a essência da moral:

Em certa ocasião, estava atendendo mãe e filha na loja de móveis em que trabalhava. Elas se mostravam interessadas em comprar um armário de cozinha. Todo empolgado, comecei a falar as qualidades do produto, contando que tinha excelente acabamento e diversas divisórias, além de portas de vidro. Fiz questão de frisar que "aquele armário

era muito bem vedado e, portanto, insetos jamais passariam por ali". O problema é que, durante a minha apresentação sobre a mercadoria, fui abrir uma das portas do maravilhoso armário e... sim, havia uma barata lá dentro. Embora intacta, aparentando estar morta, ela se encontrava no armário no qual "insetos jamais passariam". Lembra?

Ainda bem que o bicho não voou e nem se mexeu. Caso contrário, mãe e filha que me acompanhavam teriam corrido para fora da loja. Aliás, não só elas, mas a maioria das pessoas que ali estavam.

O bom dessa situação foi que as minhas clientes começaram a rir timidamente. Percebi que a garota ensaiava uma crise de riso descontrolada, mas se segurou. Enquanto isso, a mãe me olhava com cara de "pega na mentira".

O que fazer naquele momento? Foquei na venda. Continuei comentando as características do armário, de modo a ganhar tempo para falar algo que pudesse me livrar do embaraço. Adotei, então, a "estratégia do proposital" e disse a elas:

— Como vocês viram, aquela barata no armário está mortinha. Colocamos ela viva lá para um teste, mas como não encontrou uma forma de sair, morreu em menos de 24 horas. Isso prova como este armário garante proteção completa!".

Confesso que não sei se as clientes ficaram admiradas com a minha simpatia ou com a minha extrema "cara de pau". O que sei é que elas compraram o armário. Criatividade e "jogo de cintura" são realmente indispensáveis nos negócios, na vida.

Sempre tenha em mente: "Não se perde uma venda em hipótese nenhuma". Claro que não se trata de tentar vender a qualquer custo, mas de não permitir que uma situação inesperada – que na verdade nada tem a ver com a qualidade do que você vende e nem com o seu atendimento – o faça perder a venda, deixando o cliente sair da loja de mãos vazias, mesmo depois de ter gostado do seu produto e das condições que ofereceu.

A cada dez clientes, nove compram aqui

Na loja de móveis planejados, observei que um cliente dizia para a projetista: "É o primeiro local que entro, então, não vou fechar nenhum negócio por enquanto!". Alguns minutos de conversa se passaram e a vendedora disse que chamaria o gerente - neste caso, eu -, para tratar de valores com ele. Sentei com o consumidor e comecei a negociar. Fui sincero, sem rodeios. Depois, disse: "A cada dez clientes que entram na loja, nove compram aqui."

Essa frase pode parecer um chavão de vendas - e é -, mas, como já exposto anteriormente neste livro, se os clichês forem usados da maneira certa funcionam perfeitamente. Óbvio que falei com firmeza, com segurança, aquelas palavras e mostrei a grande cartela de clientes. Deixei claro o quanto nosso produto era excelente e, sim, consegui fechar negócio. Em vendas, tudo pode acontecer e os chavões e a criatividade estão à disposição, basta saber qual deve predominar no momento.

Não deixe o cliente fugir

Pombo. Os clientes, atualmente, parecem ter tomado posse do comportamento desta ave. Digo isto porque, ao ver que um vendedor se aproxima, eles voam, ou melhor, saem como se estivessem em uma corrida.

Entendo que existem clientes traumatizados com determinados tipos de atendimento, o que acaba contribuindo para a "revoada" rápida, entretanto, o vendedor não pode deixar isso acontecer. Há casos em que o consumidor entra na loja como um pavão, grande e majestoso, se mostrando aberto para efetivar uma compra, mas, de repente, encolhe, como um pardal, se afastando dos vendedores sem querer fazer alarde.

É preciso estudar o cliente, de modo a compreender as atitudes dele e, assim, criar a estratégia ideal para conquistá-lo. O consumidor tem de entrar na loja e se sentir à vontade e atraído para comprar. Cada pessoa tem um motivo específico ao buscar algo e cabe ao vendedor descobrir qual é esta motivação. Personalizar é fundamental. O acolhimento do cliente deve estar de acordo com as preferências dele, a fim de que se sinta exclusivo e merecedor daquela recepção.

Para que o consumidor não "voe" é importante conceder a ele, além de atenção, alguns mimos. Quando realmente não for possível satisfazer a necessidade do cliente, o vendedor deve deixar evidente que houve, ao menos, a tentativa disso. Deste modo, o profissional de vendas planta "a semente do retorno", ou seja, por conta da boa vontade demonstrada, o cliente não hesitará em voltar, caso seja necessário.

Com tantas opções no comércio, ser o escolhido do consumidor é um privilégio, portanto, é essencial reconhecer esta preferência e criar meios para que o cliente volte e, mais que isso, leve outros para conhecer o trabalho que o cativou. O vendedor deve prestar o melhor atendimento possível, agir com inteligência e conhecer a fundo o mercado no qual atua, porque é o conhecimento que facilita nas tomadas de decisões de como proceder.

Imagine esta situação que vivi certa vez, quando trabalhava em uma loja de móveis:

Uma senhora perguntou o preço de um sofá de couro e foi informada que custava R$ 3.490. Ela não disfarçou o desapontamento diante da resposta e disse que havia visto em outra

loja por R$ 2.990. Até aí tudo bem, isso é normal, porém, quando o vendedor conhece os pontos fracos do concorrente, ele consegue reverter situações nas quais parece estar em desvantagem. A sequência do diálogo que tive com a cliente foi a seguinte:

— Mas, senhora, o sofá deles é de couro apenas no assento, encosto e braços. As demais partes são misturadas com material sintético. O nosso é 100% couro. Se a senhora colocar na ponta do lápis, o custo-benefício de comprar 100% couro é muito maior.

Do argumento apresentado não havia como discordar. O vendedor inteligente não inventa defeito no produto do concorrente. Ele pesquisa detalhes, explora os pontos de fragilidade e coloca a verdade e a ética em primeiro plano.

O consumidor está e continuará cada vez mais bem informado sobre tudo, tamanha a tecnologia disponível. Para ficar próximo dele e realizar o atendimento adequado é necessário estudá-lo e planejar o que fazer para vender.

Inteligência em vendas significa estar sempre atento ao que acontece à sua volta, totalmente ligado, 24 horas por dia, no seu negócio. Cada situação que surge é capaz de proporcionar inúmeros ensinamentos. Veja este caso:

Todo dia, quando saio de casa, passo normalmente em frente às lojas de móveis planejados concorrentes. Houve uma vez que notei um carro diferente estacionado

André Zem

na entrada de um desses estabelecimentos. Guardei na memória os detalhes do veículo, porque senti que poderia ser um novo cliente pesquisando produtos.

Dois dias depois, o mesmo carro estava parado na porta da minha loja. Percebi que o proprietário era atendido por um dos vendedores. Imediatamente, me ofereci para ajudar o funcionário e, durante a conversa com o cliente, usei como referência as informações que eu imaginava que ele tinha obtido quando visitou aquele meu concorrente – afinal, conhecer a concorrência é fundamental nas negociações. Dessa maneira, pude oferecer ao consumidor condições especiais e melhores que as já apresentadas. Fechamos negócio.

Depois desse ocorrido, gosto de brincar dizendo que inteligência em vendas não é só conhecer o mercado, mas "reconhecer o carro do cliente". Então, repito com veemência: conheça a fundo o seu mercado e a sua clientela e fique 100% ligado no que acontece à sua volta.

DEPOIS DA VENDA, FAÇA BEM O QUE QUASE NINGUÉM FAZ

Pós-venda. Está aí uma coisa que todo mundo comenta, diz que é importante, essencial, mas pouquíssimas empresas ou profissionais de vendas fazem direito. Pesquisas apontam que 85% das empresas nunca fizeram o serviço de pós-venda, que, na verdade, integra o processo de uma venda bem-sucedida. Tire da cabeça a visão de que "vendeu, acabou". Acabou, nada!

Sinto que muitas grandes empresas deixam de lado o pós-venda porque parecem não saber, ou não querer, lidar com problemas. Isso é um grave defeito. É justamente não fazendo o pós-venda que os problemas, de fato, aparecem. Por outro lado, a maioria das pequenas empresas não faz o pós-venda porque, consequentemente, isso tem custo e elas não querem arcar com esta demanda. O fato é que uma das fases mais importantes para a fidelização da clientela acaba sendo desprezada.

NUNCA MAIS PERCA UMA VENDA EM HIPÓTESE NENHUMA

O pós-venda garante um futuro mais rentável e mais sustentável para a empresa e para o profissional de vendas, pois ajuda a obter informações confiáveis dos clientes que podem ser utilizadas para corrigir possíveis erros de produção, logística, entrega, entre outros fatores. Este serviço tem o poder de melhorar os estabelecimentos comerciais como um todo, porque ele se dá a partir da obtenção de dados preciosos sobre aquele que é o mais importante para manter abertas as lojas: o cliente.

De maneira bem simples, o pós-venda é o atendimento prestado ao consumidor após a compra de um produto ou serviço. É um meio de reforçar o relacionamento vendedor-comprador.

Conseguir a fidelização de clientes é tão importante quanto captar novos. Mostrar-se disponível ao consumidor após a compra é sinônimo de respeito a ele.

A Agendor (www.agendor.com.br), plataforma on-line de aprimoramento em vendas, preparou uma lista com dicas de como fazer um pós-venda eficiente. Acompanhe os 10 modos de pensar que realmente funcionam no pós-venda:

– Cumpra com o que prometeu
– O cliente merece o melhor
– Não passe o problema para frente
– Se interesse pelo seu cliente
– Esteja sempre um passo à frente

André Zem

- O cliente nem sempre tem razão
- O cliente merece o melhor (de novo)
- Nunca esteja ocupado demais para seu cliente
- Nem sempre o cliente está errado
- Funcionários também são clientes

Agora, compartilho alguns casos em que somente o pós-venda conseguiu dar um final feliz para a história:

Um amigo meu trabalhava com um montador de móveis que insistia em usar uma botina de boiadeiro diariamente. Não tirava aquele calçado por nada. Eram botinas rústicas, com prego na sola.

Apareceu, então, um serviço para montar um armário em uma casa com piso de sinteco. Sinteco, para quem não sabe, é um material que deixa o chão sempre com aspecto de novo, meio espelhado. Diante da demanda, meu amigo solicitou ao montador que ele não fosse fazer o trabalho com as botas que costumeiramente usava. "Por favor, não vá com aquela botina, que você vai riscar todo o piso da cliente." A reposta foi o clássico "podexá, chefia".

Algum tempo depois, meu amigo recebeu um telefonema da cliente em questão, furiosa, dizendo que o piso estava todo riscado. Para não deixá-la ainda mais insatisfeita, mandou até a residência, de imediato, um especialista em polimento. Recomendou ao trabalhador que fizesse um teste com o produto em um cantinho da casa antes de aplicar na área total.

Devido à demora em ter um retorno do contratado, resolveu ligar para ele. Perguntou se havia feito o teste e a resposta não foi a que mais desejava: "Estou terminando já! Está ficando tudo branquinho".

Branquinho? Não era para ficar branco. Resultado: 2 a zero. Dois gols contra. E a cliente já estava possessa.

A única saída, nesse caso, foi a loja que meu amigo representava arcar com os custos de uma nova aplicação de sinteco e, óbvio, feita por uma equipe realmente especializada.

O importante a destacar aqui é que a cliente ficou satisfeita no final. Mesmo depois de tanto problema e dor de cabeça, a confiança que ela tinha na loja foi restaurada.

Outra situação inesquecível aconteceu por causa de um instalador de carpete todo estiloso. Na época do ocorrido, usava-se muito o carpete de 21mm. A instalação dele era bem trabalhosa.

O instalador saiu da loja para o apartamento da cliente com a orientação expressa de, antes de abrir a lata de cola, forrar com material apropriado o espaço onde aconteceria o serviço.

Mais uma vez, um telefonema nada agradável para o

André Zem

meu amigo. Do outro lado da linha, a voz de alguém que soltava "fogo pelas ventas". "O que eu faço agora? Ele manchou toda a minha casa!", questionava a cliente.

Meu amigo foi até o local e viu o instalador sentado na recepção do prédio, com cara de moleque que tinha sido expulso da escola. Com a cabeça baixa, lamentava o desastre. Ele não havia forrado o piso, abriu a lata de cola, começou a fazer o serviço e, sem querer, esbarrou na lata. Contou ter tentado consertar o erro, mas, nervoso, cada vez mais aumentava o estrago, enchendo o piso com pegadas de cola. A saída, é claro, foi colocar um novo carpete na casa da cliente.

Tanto no caso do piso de sinteco quanto no da instalação do carpete, as vendas já haviam sido concretizadas, entretanto, a verdadeira relação vendedor-consumidor não deve terminar simplesmente no "tchau" dito na porta de saída. É preciso dizer um "até breve". Se apenas metade do serviço é bem feita, pode apostar que, para o cliente, o serviço praticamente é inexistente. Ele jamais vai falar por aí que "ah, foi algo meio bom". Ele com certeza dirá "me deixaram na mão".

Vender e não realizar o pós-venda é como fazer um bolo e não perguntar a quem o experimentou se ficou satisfeito com o sabor.

DEZ DICAS PARA NUNCA MAIS PERDER UMA VENDA, EM HIPÓTESE NENHUMA

Depois de tudo o que já foi exposto aqui, faço questão de ressaltar alguns pontos que, se você mantiver em sua mente e praticar diariamente, lhe proporcionarão um ganho enorme nos seus resultados em vendas:

1 – Receba o cliente em sua loja com sorriso largo e alegria contagiante. Descarte atendimentos automáticos, como sensores sonoros para avisar sobre a entrada de pessoas no estabelecimento. Esteja atento e seja caloroso, entusiasmado e totalmente presente, de corpo, mente e alma, na recepção. Isso influencia sobremaneira na hora de fechar a venda!

2 – Nunca subestime um cliente. Não ache que ele já "está no papo" ou que "não vai comprar nada". Cada um tem sua especificidade de compra e o consumidor poderá sempre surpreender você. Trate todos os clientes com dedicação e atenção.

NUNCA MAIS PERCA UMA VENDA EM HIPÓTESE NENHUMA

3 – Mantenha o foco no seu cliente. Não se distraia. Não deixe que acontecimentos alheios prejudiquem o momento mágico da sua venda.

4 – Faça o cliente amar o que você vende. A paixão que você demonstra pelo seu produto ou serviço é o que importa e também faz o cliente se apaixonar. Nunca se esqueça que cliente apaixonado é fiel.

5 – Conheça a fundo seus produtos e seu mercado. Só se fala com propriedade sobre aquilo que conhece. Lembre-se que ninguém atinge o cliente sem tocar o humano dele. Chegue ao coração do consumidor para vender mais e fidelizá-lo.

6 – Conte sempre sua melhor história de vendas e encante o cliente. Criatividade e clichês estão aí para serem usados. Atente-se para saber em quais momentos são propícios.

7 – Tenha paciência e seja persistente. A ansiedade mata a venda, mas a calma pode salvá-la. Deixe o pessimismo de lado. Jamais desista no primeiro "não" ouvido do cliente.

8 – Supere o medo da rejeição e fracasso. Mantenha sua autoestima em alta. É ela que determina sua venda e, consequentemente, a sua renda.

9 – Chame a atenção para você! Deixe em destaque a sua melhor oferta. Mostre ao cliente a vantagem que é comprar com você. Quem se esconde não vende! Aproveito para contar mais uma historinha.

André Zem

Fui chamado para fazer uma palestra em São Paulo e o empresário que me contratou mandou que me buscassem de helicóptero no aeroporto de Piracicaba. O piloto seguiu a rota da Via Anhanguera, que é a indicada para esse tipo de aeronave. No caminho, passamos por cima de um enorme depósito das Casas Bahia, que fica às margens da rodovia. No telhado havia o nome da empresa escrito em letras imensas. Na hora, pensei: para quem eles fazem essa propaganda? Ora, é óbvio que para quem passasse por ali de helicóptero ou avião!

É essa a lição: empresário bom anuncia até para quem "está" no céu! Não perca oportunidades de chegar à mente e ao coração dos consumidores.

10 – Ofereça gratificação constante ao seu cliente e faça o pós-venda. Um mimo, um agrado, um brinde inesperado podem fazer a diferença neste mercado tão concorrido. Depois da compra, deixe claro que está disponível para o que for preciso.

Essa relação de atitudes é o que eu chamo em minhas palestras de "Dez dicas matadoras do André Zem para nunca mais perder uma venda, em hipótese nenhuma". Meu conselho: memorize e pratique-as. Comece todos os dias dizendo para si mesmo "Eu nunca perco uma venda, em hipótese nenhuma". Acredite! Suas vendas vão se multiplicar em bem pouco tempo.

A VIDA É FEITA DE DECISÕES E AÇÕES

Vendas, atendimento e motivação. Como você chegou até aqui na sua leitura, com certeza percebeu o quanto sou apaixonado por esses temas. Posso dizer que eles estão completamente presentes em minha vida e intrinsecamente ligados à conquista do meu sucesso. E motivação, em especial, é algo que precisa ser cultivada diariamente. Como escreveu o palestrante e escritor Zig Ziglar, "o efeito da motivação, assim como o efeito do banho, não dura para sempre. Por isso, recomenda-se renovar a dose diariamente".

Agora pense: aonde você quer chegar? Qual o seu objetivo maior? Você vive para quê? Está, realmente, disposto a realizar o seu sonho? Saiba que qualquer que seja o seu objetivo, ele pode ser realizado por meio das vendas. Mas, para ser bem-sucedido em vendas é preciso, acima de tudo, entender e gostar de gente.

NUNCA MAIS PERCA UMA VENDA EM HIPÓTESE NENHUMA

Tenho uma frase que acho muito pertinente para explicar isso: "Quem é bom com gente cresce. Quem é ruim apodrece". Quero dizer com isso que o seu sucesso só será real quando se aprimorar no trato com as pessoas e tiver em mente que tudo o que fizer deve gerar algum benefício para alguém mais e não somente para você.

Quem é bom com gente cresce. Quem é ruim apodrece.

Com toda certeza, desafios surgirão no meio do caminho e você vai ter de fazer escolhas.

No período da manhã, gosto de correr. Mais que exercitar o corpo físico, tenho esta atividade como uma excelente oportunidade para refletir sobre a vida, que está em constante movimento. Geralmente, corro sozinho e, portanto, posso pensar a respeito de qualquer coisa, de problemas a soluções. Pois bem. Em um determinado trecho do percurso que faço de tempos em tempos, há uma bifurcação com as seguintes possibilidades para continuar: um caminho mais plano ou uma subida bem acentuada. Como a prática da corrida já é rotina em minha vida, não preciso fazer grandes esforços para subir morros, o que me instiga a optar por eles na maioria das vezes. Fiz isso novamente na ocasião.

André Zem

É claro que, se há subida, há descida também. E foi justamente na descida que dei de cara com um casal de conhecidos meus. Um deles me perguntou, com os olhos arregalados: "Você subiu o morro?"

Pelo tom de voz no questionamento, pareceu que eu havia acabado de fazer a coisa mais difícil do mundo. Depois de responder afirmativamente, sem ser convencido, acrescentei que todo mundo poderia fazer o mesmo, desde que houvesse dedicação. "O morro, neste caso, é o que chamo de treinamento", eu disse e continuei minha corrida, me distanciando um pouco deles.

A situação me fez pensar no quanto a preparação é importante para chegarmos ao que almejamos. Pode ser uma ladeira de tirar o fôlego ou aquele contrato que parece difícil demais de fechar. Dificuldades? Sempre existem. Acho até que não haveria graça na conquista se não passássemos por alguns "perrengues".

Sábio o poeta Carlos Drummond de Andrade, que escreveu "no meio do caminho tinha uma pedra". Sim, as pedras são muitas, mas cabe somente a nós decidirmos o que fazer com elas.

Sorte? Acredito na existência dela também, mas só para quem corre em busca do que deseja.

NUNCA MAIS PERCA UMA VENDA EM HIPÓTESE NENHUMA

Anthony Robbins, um dos maiores coaches do mundo, foi perfeito em sua colocação quando disse que "o encontro da preparação com a oportunidade é o que chamamos de sorte".

Ninguém consegue ser bem-sucedido se ficar parado na frente da primeira pedra que encontrar. É preciso olhar para os lados, buscar alternativas, enfrentar, subir o morro, acreditar em si. Somos nós mesmos quem criamos a nossa sorte. "Cada pedra do caminho eu recolho e guardo. Um dia faço um castelo", parafraseando o também poeta Fernando Pessoa.

Lembro-me que, ainda bem jovem, decidi lutar por um emprego no comércio da cidade. Era o meu grande objetivo na época. No dia em que fui pela primeira vez à rua Governador Pedro de Toledo, principal corredor comercial de Piracicaba, minha mãe me deu um terço para que eu fosse rezando durante todo o caminho, que, inclusive, fiz a pé, porque não tinha dinheiro nem para o ônibus. Deu certo? Nas primeiras vezes, só levei "porta na cara", mas não desisti e logo consegui meu primeiro trabalho.

Possivelmente, o casal que me questionou sobre a subida do morro tenha duvidado da minha capacidade para aquilo, entretanto, era tão somente um pensamento deles e eu não devo me preocupar com o que outros pensam a meu respeito. Talvez,

André Zem

eles não soubessem da minha dedicação nas corridas. O que importa é que eu acreditei em mim e não parei ao avistar o primeiro obstáculo. A decisão de encarar a subida ou parar diante dela foi minha. Assim é a vida. Tudo é uma questão de escolha. O que você escolheu para seus dias na Terra?

ACIMA DE TUDO, SEJA FELIZ

Gosto muito da frase de Carlos Drummond de Andrade que diz "Ser feliz sem motivo é a forma mais autêntica de felicidade".

Você já conheceu alguém que é feliz sem um motivo específico? Eu tive esse privilégio. O nome dele é Dario Felício. Que sobrenome, não? Pela etimologia da palavra, Felício é feliz, bem-aventurado, venturoso. É... Já traz a felicidade na identidade.

Dario trabalhou comigo em lojas que dirigi por doze anos. Ao pensar nele é inevitável recordar o sorriso que esbanjava diariamente. Quis confirmar se essa era somente minha visão ou uma unanimidade. Telefonei para várias pessoas que também o conheceram e, sim, era unânime. Todos guardam a mesma lembrança: Dario Felício sempre feliz.

Dario teve uma trajetória de vida bem difícil. Ele morou muito tempo em uma comunidade carente, enfrentou a pobreza e teve de ser forte para resistir ao assédio dos traficantes de drogas, que lhe ofereciam muitas facilidades. Os pais dele eram separados. Em 2009, inclusive, Dario deu adeus à figura paterna no plano físico. Aos 21 anos de idade, acabou sendo adotado por uma família evangélica. A mãe adotiva se encantou pelo jovem de sobrenome Felício, que era o amigo mais chegado do filho biológico dela.

Muitas foram as mudanças na vida de Dario. Hoje, ele sabe exatamente a origem da felicidade que tem: Jesus. "As pessoas que estão na igreja que frequento completam a minha alegria", diz, enfático.

Quando era colaborador nas lojas que administrei, Dario sempre chegava ao expediente com um sorriso nos lábios. Ele começava o turno antes de todos os outros funcionários e fazia as tarefas em alto-astral. Nunca o vi reclamar do trabalho. Depois de abrir a loja, cuidava da limpeza do estacionamento e do jardim e lavava os banheiros. Era registrado na empresa como ajudante geral, portanto, não tinha o maior salário da companhia.

André Zem

Por não ter carro, Dario utilizava dois ônibus para se deslocar até o serviço. Acredito, de verdade, que ele é um dos poucos que vivem na Terra que não se contaminaram pela visão capitalista de felicidade. Naquela época em que trabalhávamos juntos, pude constatar que não ligava a mínima para carro bonito ou casarões para morar. Ele tinha e ainda tem – embora não nos encontremos com tanta frequência hoje em dia, sei que não mudou – a alegria de viver. Além disso, faz questão de cultivar amigos.

Pensando no Dario, chego à conclusão de que a felicidade não depende de bens materiais. Aliás, ela está mais atrelada ao que não podemos tocar com os próprios dedos. O compositor Toquinho escreveu com perfeição sobre isso, na música *Receita de Felicidade*:

> Pegue uns pedacinhos de afeto e de ilusão;
> Misture com um pouquinho de amizade;
> Junte com carinho uma pontinha de paixão
> E uma pitadinha de saudade.

NUNCA MAIS PERCA UMA VENDA EM HIPÓTESE NENHUMA

Pegue o dom divino maternal de uma mulher
E um sorriso limpo de criança;
Junte a ingenuidade de um primeiro amor qualquer
Com o eterno brilho da esperança.

Peça emprestada a ternura de um casal
E a luz da estrada dos que amam pra valer;
Tenha sempre muito amor,
Que o amor nunca faz mal.
Pinte a vida com o arco-íris do prazer;
Sonhe, pois sonhar ainda é fundamental
E um sonho sempre pode acontecer.

Notou que em nenhum trecho ele falou sobre carrões ou gordas contas bancárias? Não há como comprar os ingredientes para se obter a felicidade. Eles não estão à venda. Pelo contrário. Estão aí, livres de tributos, disponíveis para serem utilizados em qualquer dia, a qualquer hora, por quem quiser.

Faça sempre o seu melhor, se quiser ser feliz. Trabalhe forte e certamente a felicidade será uma constante em sua vida.

André Zem

FAÇA SEMPRE o seu melhor E SEJA *feliz*.

LUTE PELA SUA VENDA ATÉ O FINAL

Tenho a convicção de que não perder vendas, em hipótese nenhuma, é algo plenamente realizável, mas para isso de fato acontecer é necessário lutar até o fim pela realização da compra, o que significa que desistir sequer deve passar pela sua cabeça. Não se pode desperdiçar a oportunidade de conversar com o cliente. Neste momento é preciso usar todo o seu talento e conhecimento para descobrir o que ele realmente deseja e, assim, atendê-lo com total dedicação.

Como já afirmei, há muitos anos mentalizo a frase "não se perde uma venda, em hipótese nenhuma" antes de entrar em uma negociação. Agindo desta maneira, obtive êxito nesta adorável profissão de vendedor, o que, claro, também é possível para todo aquele que se esforça e persiste no próprio desenvolvimento mesmo diante das diversas dificuldades que surgem ao longo da jornada.

Sempre que sentir que a venda está caindo, ou seja, quando o cliente começar a dar desculpas para não comprar, mantenha-se firme no seu objetivo. Não abra mão de tentar. Quando o consumidor fica em dúvida, na verdade o que ele está tentando nos falar é: "Preciso que me dê mais motivos para eu comprar na sua empresa!" Dê, então, os motivos. Elabore uma lista de tudo o que você pode oferecer ao cliente antes que ele procure outro estabelecimento comercial.

A essência do sucesso em vendas, aliás, na vida, é resistir aos obstáculos. O profissional de vendas deve utilizar todos os recursos possíveis para satisfazer o comprador. O ato de negociar implica em flexibilidade, concessões e estratégias bem definidas para usar com maestria as "cartas na manga", fazendo com que o consumidor entenda que você, vendedor, está disposto a ajudá-lo. Um eventual curioso pode, sim, tornar-se um excelente cliente.

Uma vez, estava atendendo na loja um casal de clientes que morava em uma cidade vizinha do município onde eu estava instalado. Ficamos negociando das seis horas da tarde às dez da noite. Eles queriam mudar os móveis planejados da própria casa. Óbvio que fiz questão de saber o que pretendiam, quais eram suas prefe-

André Zem

rências e o que poderia fazê-los felizes. Cuidei também de elaborar a parte prática do negócio, em quanto tempo seria a entrega e a montagem dos móveis e a forma de pagamento. Ao consultar, então, o banco, por conta do financiamento, começaram as dificuldades. A mulher trabalhava como autônoma vendendo roupas e a instituição financeira não se sentiu segura para aprovar o crédito. Quando isso acontece, o cliente fica constrangido, pois se sente desprestigiado. Tentei com outras duas financeiras a aprovação no nome do marido dela, mas também não deu certo. A cliente já se mostrava bastante chateada e comentou que estava preocupada com o filho mais novo, que tinha ficado com a avó, aguardando o retorno dela em casa. Diante disso, deixava transparecer que talvez tivesse que voltar outro dia para negociar a compra, o que me deixou muito apreensivo com o desfecho daquela situação. Tive que criar assuntos diversos, falar constantemente, para não dar a eles a chance de dizer que precisariam ir embora. Após diversas tentativas, consegui a aprovação do crédito em uma financeira com a qual já haviam honrado um compromisso. Durante todo o clima de insegurança, tratei de deixar a ocasião a mais tranquila possível, com bom humor. Além do cafezinho, servi petiscos e suco e também encomendei em um restaurante próximo uma batata assada, que chegou no momento certo, quando tudo já havia sido resolvido. Acelerei a impressão do contrato, montei o carnê e colocamos tudo em uma pastinha personalizada, bem rapidamente, para que o casal pudesse seguir viagem. Eu ainda presenteei-os com uma linda cafeteira de cápsula. Finalmente, eles saíram da loja alegres e satisfeitos, certos de que haviam sido bem atendidos e confiantes de que nossos produtos e serviços eram de ótima qualidade. Enquanto acompanhava-os à porta, a mulher me disse que não sabiam como chegar à saída da cidade para a estrada que levaria até onde moravam. Apesar do horário avançado, fui com o meu carro indicando o caminho. Evitei, assim, que se perdessem e demorassem ainda mais para chegar em casa e encontrar o filho.

Confesso que não foi uma venda fácil, mas não desisti até que todas as possibilidades de fechar negócio tivessem se esgotado. O cliente sente a dedicação dispensada a ele e se agrada quando você luta para conquistá-lo. Em um mercado cada vez mais "robotizado", é fundamental que os vendedores não se esqueçam da empatia, porque é isso o que distingue os verdadeiros profissionais dos amadores.

André Zem

Tenho orgulho de dizer que sempre me dediquei ao máximo ao meu trabalho, à minha carreira e à busca da realização dos meus sonhos. Algumas pessoas até podem falar que sou workaholic (viciado em trabalho) ou me dar qualquer outro rótulo, mas prefiro que me taxem como "agradecido". Sim, agradecido por ter um ofício que adoro e, consequentemente, por todas as oportunidades que me vieram. Não foram poucas as vezes em que, encerrado o expediente, ajoelhei no chão da loja e rezei como forma de gratidão, e isso tem a ver com uma história que me inspirou durante toda minha vida.

Um garoto perguntou ao pai qual era o tamanho de Deus. Diante da indagação, o pai olhou para o céu e acabou avistando um avião ao longe, o que fez com que questionasse o filho:

— Que tamanho tem aquele avião?

— É bem pequeno, né, pai? Quase não dá para ver! Respondeu o menino.

Na sequência, o pai levou o filho a um aeroporto e, ao chegar próximo de um avião em terra, perguntou:

— E agora, qual o tamanho deste avião?

O menino respondeu:

— Nossa, pai, é enorme!

— Assim é Deus, meu filho. Quanto mais perto você estiver, maior Ele será em sua vida!

Fé, esperança e muito trabalho. Esses sempre foram meus pilares de sustentação. Nunca me fechei para os meus sonhos, porém, procurei manter diariamente os pés no chão e meu coração em Deus. Entendi minhas limitações e descobri alternativas para superá-las. Quando o vendedor entende que as dificuldades podem ser vencidas de forma criativa, torna-se um encantador de clientes.

Além de juntar decisão com ação, é preciso ajustar o estado emocional. Como se sente apenas por imaginar que vai conseguir concretizar seu projeto? Faça o seguinte exercício: pense no futuro, no momento em que já esteja plenamente realizado. Congele esse momento e se alimente dessa emoção todos os dias, a cada venda. Mantenha-se invulnerável. Não ceda ao negativismo, às críticas, às alegações de que a crise está batendo à porta.

Sempre que penso em crises, principalmente no Brasil, acabo chegando à conclusão de que a história da nação verde e amarela já começou bem problemática. Acompanhe o raciocínio. Assim que Pedro Alvares Cabral chegou, em 1500, ao solo brasileiro, o escrivão da corte portuguesa, Pero Vaz de Caminha, informou ao rei Dom Manuel o seguinte sobre a terra recém-descoberta: "Aqui, em se plantando tudo dá."

André Zem

Foram praticamente estas as palavras que ele utilizou para descrever a fertilidade da terra. Da maneira como se expressou, parece até que bastava jogar as sementes no local e as árvores nasceriam de repente; entretanto, isso não existe. É preciso muito trabalho para se ter uma plantação satisfatória, estudar a topografia e o clima, preparar o solo, plantar, regar, eliminar pragas, cuidar da saúde da planta, entre outras ações. É necessário, ainda, ter paciência para esperar a semente germinar.

Um amigo meu, representante de uma grande indústria moveleira, me falou que os empresários de hoje não se comportam de modo a fazer com que seus próprios negócios progridam. Ele comentou que os empreendimentos são abertos e ficam ao deus-dará, ao sabor do vento. A semente é plantada, mas não cultivada, porque os proprietários esperam que ela cresça sozinha, sem que façam nada. Estes são, na verdade, os mesmos que, depois de um tempo, passam a reclamar sem parar, alegando que a crise está "braba", que no país não há mais espaço para empreendedores, que não existe saída...

Pois eu digo que há saída, sim. Se você quer que seu empreendimento dê certo, tem de batalhar não apenas para a inauguração dele. Não basta instalar o estabelecimento em um lugar bonito e movimentado, com uma decoração que chame a atenção. O consumidor não sai de casa em busca tão somente de belas coisas.

Para que uma compra seja efetivada é necessário mostrar ao cliente que o que você oferece vai corresponder às expectativas dele sobre o produto. Transmitir confiança. Estas são as palavras de ordem.

É preciso encontrar uma forma de chegar ao coração do consumidor e, para isso, a dedicação deve ser rotineira. Faça uma análise do mercado, pesquise o público da região na qual planeja se instalar, crie estratégias para seu progresso. As coisas não dão certo de uma hora para a outra. Acredite no trabalho que faz. Seja persistente. Ter uma boa ideia é a essência, mas para ver resultados positivos é preciso ir além.

Agora que você está terminando de ler este livro, tenho certeza que pôde coletar algumas boas sementes, mas, lembre-se: não basta que a semente seja boa. É necessário cultivá-la e cuidar da planta para que ela dê bons frutos. É preciso, como gosto de dizer, ser "resiliente como um bambu".

Como já comentei, os problemas existem, mas é lidando com eles – e não fugindo deles –, que podemos nos fortalecer e, assim, passar com coragem e ousadia pelos empecilhos.

André Zem

Ao lembrar de tudo o que já vivi, me comparo a um bambu. Isso, mesmo! Aquela planta incrível. Como muitos dizem, ela "verga, mas não quebra" e é justamente isso o que mais chama a minha atenção. Assim como esse vegetal, a maioria dos brasileiros já teve de mostrar muita resiliência, o que, segundo a psicologia, é o poder de superar dificuldades, transpor obstáculos, resistir às pressões e domar situações adversas. Resumindo: coisa para quem é forte! E, sim, somos um povo guerreiro e muito forte.

Lembro-me do bambu porque não é preciso ser grosso para ser resistente. Ou seja, não é necessário viver em "pé de guerra" para vencer a batalha. Já notou como o bambu é leve e mesmo assim resiste a rajadas de vento fortíssimas?

Esse pensamento pairou sobre minha cabeça quando eu estava na minha costumeira corrida pelos parques de Piracicaba. O vento estava forte, assobiava de maneira medonha e os bambus balançavam sem parar. Para mim, era a imagem do poder da superação. Embora batessem uns nos outros, eles permaneciam ali, firmes e fortes.

No mundo corporativo, a pessoa resiliente é definida como aquela que combina a tensão do ambiente com a vontade de vencer. Ela usa a inteligência emocional para resolver situações e encontrar as melhores soluções. Tem vontade individual, mas sabe agir em conjunto. Embora explore o espaço, respeita os limites alheios para manter a boa convivência.

Empreender em vendas é isso. É persistir, apesar das tempestades, e acreditar que suas ações darão um bom resultado. É se arriscar no hoje, para ter uma experiência a ser contada e aprimorada no futuro. É como diz aquela música "Tocando em frente", de Almir Sater e Renato Teixeira: "Cada um de nós compõe a sua história e cada ser em si carrega o dom de ser capaz e ser feliz".

A missão do vendedor é facilitar a realização dos sonhos das pessoas. Ele é um instrumento, uma ponte para ajudar, por meio da negociação, a concretização de desejos. Coloque em prática tudo o que leu aqui, trabalhe forte e veja suas vendas se multiplicarem e os reflexos disso não só na sua vida profissional, mas pessoal.

Lembra que eu disse, lá no início do livro, que quando comecei a trabalhar aos 12 anos de idade, descascando cebolas em um varejão em Piracicaba, uma moça, ao me ver todo franzino e tímido, me falou: — "Menino, nós começamos aqui chorando, mas vamos terminar sorrindo!"? Pois bem, isso

André Zem

realmente aconteceu comigo. No meio do caminho, foram diversas as situações, mas me mantive firme na busca daquilo que queria para mim. As tristezas deram espaço às alegrias. Com toda certeza, podemos até começar chorando, mas, se persistirmos no caminho certo, vamos, sim, terminar sorrindo.

Siga em frente sempre e acredite: tudo isso é vida. Vida que vale a pena ser vivida. Porque, como já cantou Roberto Carlos, "se chorei ou se sorri, o importante é que emoções eu vivi." Realize seus sonhos e cumpra a sua missão. Seja um louco por vendas e nunca mais perca uma venda, em hipótese nenhuma!

REALIZE SEUS sonhos e cumpra A SUA missão.